Christine Jung
101 Parkanlagen

CHRISTINE JUNG

101 PARKANLAGEN

IN HESSEN

s|v

Der Umwelt zuliebe nicht in Folie verpackt.

1. Auflage

Alle Rechte vorbehalten • Societäts-Verlag
© 2022 Frankfurter Societäts-Medien GmbH
Satz: Bruno Dorn, Societäts-Verlag
Umschlaggestaltung: Bruno Dorn, Societäts-Verlag
Umschlagabbildung: shutterstock/Veronika_Decart, VikiVector, artbesouro
Druck und Verarbeitung: CPI books GmbH, Leck
Printed in Germany 2022

ISBN 978-3-95542-438-1

Besuchen Sie uns im Internet:
www.societaets-verlag.de

Inhaltsverzeichnis

	Vorwort	11
01	Schlosspark Bad Arolsen	13
02	Schlosspark Wilhelmsthal Calden	15
03	Bergpark Wilhelmshöhe Kassel	17
04	Staatspark Karlsaue Kassel	19
05	Kurpark Bad Sooden-Allendorf	21
06	Kurpark Bad Wildungen	23
07	Kurpark Bad Hersfeld	25
08	Alter Botanischer Garten Marburg	27
09	Schlosspark Marburg	29
10	Botanischer Garten Gießen	31
11	Stadtpark Wieseckaue Gießen	33
12	Schlossgarten Fulda	35
13	Schlosspark Fasanerie Eichenzell	37
14	Schlossgarten Weilburg	39
15	Schlossgarten Usingen	41
16	Kurpark Bad Nauheim	43
17	Burggarten Friedberg	45
18	Kurpark Bad Salzhausen Nidda	47
19	Skulpturenpark Bad Salzhausen Nidda	49
20	Archäologischer Park Glauburg	51
21	Kurpark Bad Orb	53
22	Kurpark Bad Schwalbach	55
23	Kurpark Schlangenbad	57
24	Rosengarten der Kurfürstlichen Burg Eltville	59
25	Grünanlagen Warmer Damm Wiesbaden	61
26	Kurpark Wiesbaden	63
27	Nerobergpark Wiesbaden	65
28	Nerotal-Anlagen Wiesbaden	67
29	Schlosspark Biebrich Wiesbaden	69

30	Kelten-Park Hattersheim	71
31	Nassauer Hofgarten Hattersheim	73
32	Rosarium Hattersheim	75
33	Ziegeleipark Kriftel	77
34	Bergpark Villa Anna Eppstein	79
35	Arboretum Schwalbach	81
36	Grüne Achse Westerbach Eschborn	83
37	Skulpturenpark Eschborn	85
38	Alter Kurpark Bad Soden	87
39	Neuer Kurpark Bad Soden	89
40	Quellenpark Bad Soden	91
41	Kurpark Königstein	93
42	Victoriapark Kronberg	95
43	Stadtpark Oberursel	97
44	Kurpark Bad Homburg	99
45	Landgräfliche Gartenlandschaft Bad Homburg	101
46	Gustavsgarten Bad Homburg	103
47	Kleiner Tannenwald Bad Homburg	105
48	Lustwald »Die große Tanne« Bad Homburg	107
49	Forstgarten Bad Homburg	109
50	Hirschgarten Bad Homburg	111
51	Schlosspark Bad Homburg	113
52	Rosenhang Karben	115
53	Kurpark Bad Vilbel	117
54	Alter Flugplatz Frankfurt	119
55	Bethmannpark und Chinesischer Garten Frankfurt	121
56	Bolongarogarten Frankfurt	123
57	Botanischer Garten Frankfurt	125
58	Brentanopark Frankfurt	127
59	Grüneburgpark Frankfurt	129
60	Günthersburgpark Frankfurt	131
61	Hafenpark Frankfurt	133
62	Höchster Stadtpark Frankfurt	135
63	Holzhausenpark Frankfurt	137
64	Huthpark Frankfurt	139

65	Kätcheslachpark Frankfurt	141
66	Lohrpark Frankfurt	143
67	Nizza Frankfurt	145
68	Ostpark Frankfurt	147
69	Poelzig-Park Frankfurt	149
70	Rothschildpark Frankfurt	151
71	Volkspark Niddatal Frankfurt	153
72	Waldspielpark Louisa Frankfurt	155
73	Waldspielpark Schwanheim Frankfurt	157
74	Wallanlagen Frankfurt	159
75	Wasserpark Frankfurt	161
76	Rosengarten Burg Hayn Dreieich	163
77	Büsingpark und Lilipark Offenbach	165
78	Dreieichpark Offenbach	167
79	Leonhard-Eißnert-Park Offenbach	169
80	Schlosspark Rumpenheim Offenbach	171
81	Wetterpark Offenbach	173
82	Schlosspark Heusenstamm	175
83	Schlossgarten Hanau	177
84	Schlosspark Philippsruhe Hanau	179
85	Staatspark Wilhelmsbad Hanau	181
86	Klostergarten Seligenstadt	183
87	Spielpark Hochheim	185
88	Verna-Park Rüsselsheim	187
89	Schlosspark Braunshardt Weiterstadt	189
90	Botanischer Garten Darmstadt	191
91	Herrngarten Darmstadt	193
92	Mathildenhöhe Darmstadt	195
93	Orangeriegarten Darmstadt	197
94	Park Jagdschloss Kranichstein Darmstadt	199
95	Park Rosenhöhe Darmstadt	201
96	Prinz-Emil-Garten Darmstadt	203
97	Prinz-Georg-Garten Darmstadt	205
98	Schlossgraben Darmstadt	207
99	Schlossgarten Dieburg	209

100 Kloster Lorsch 211
101 Staatspark Fürstenlager Bensheim-Auerbach 213

Die Autorin 215
Bildnachweis 217

Vorwort

Vom Schlossgarten und Stadtpark über den Botanischen Garten und Skulpturenpark bis hin zum Spiel- oder Sportpark: In Hessen gibt es eine Vielfalt an Parklandschaften, die zu abwechslungsreichen Ausflügen ins Grüne einladen. 101 ausgewählte Gärten und Parks aus verschiedenen Epochen werden in diesem Buch vorgestellt, die nicht nur viel Sehens- und Erlebenswertes, sondern auch so manch Überraschendes und Spannendes zu bieten haben. Zu entdecken sind berühmte Parkanlagen voller Geschichte und Geschichten, eindrucksvolle Orte der Kultur und Begegnung, grüne Oasen in der Stadt, die viel Raum für Erholung und Aktivitäten bieten. Begeben Sie sich auf die Reise und erkunden Sie bekannte und weniger bekannte Parks in Hessen, die alle öffentlich und kostenfrei zugänglich sind. Dabei ist zu empfehlen, sich vor einem Parkbesuch über die Öffnungszeiten und den Zugang zu informieren.

Mein besonderer Dank gilt allen Fotografen und Institutionen, die Bilder für das Buch zur Verfügung gestellt haben. Außerdem möchte ich mich herzlich bei Bianca Haag, der Verlagsleiterin des Societäts-Verlags, und bei Julia Lübbecke vom Lektorat für die gute Zusammenarbeit bedanken.

Einige der Parkanlagen aus dem Hochtaunuskreis und Maintaunuskreis sind 2021 im Rahmen der Serie »Erlebnis Park« in der Taunus Zeitung erschienen: Für die Unterstützung dieses Projekts danke ich dem Redaktionsleiter Matthias Kliem.

01 Schlosspark Bad Arolsen

Man schrieb das Jahr 1710, als unter dem späteren Fürsten Friedrich Anton Ulrich zu Waldeck und Pyrmont mit dem Bau des Residenzschlosses und der Stadtanlage durch den Baumeister Julius Ludwig Rothweil begonnen wurde. Rund 100 Jahre später war das repräsentative dreiflügelige Barockschloss mit rückseitigem Park nach dem Vorbild des Versailler Schlosses vollendet, das sich auch heute noch in voller Pracht am Rande der Stadt erhebt.

Auf einem »Barocken Spazierweg« mit acht Stationen kann man sich auf eine spannende Zeitreise in die Geschichte der Barockstadt und ihrer parkartigen Landschaft begeben. Vom Schlosseingang aus geht es einmal rund um die Schlossanlage, die heute noch im Besitz der fürstlichen Familie ist. Dabei gelangt man hinter dem privaten Schlossgarten in den öffentlich zugänglichen Bereich um den Schlossteich, an den sich zwei Baumalleen anschließen. Über weitere Stationen, wie »Am Wildkamp« oder »Am Marstall«, kommt man schließlich in eine besonders »Große Allee« mit über 880 in sechs Reihen gepflanzten Eichen: Sie wurde bereits vor mehr als 350 Jahren angelegt und verläuft über eine Länge von 1,6 Kilometer durch die Barockstadt. Am Ende des barocken Rundgangs durch die Stadt führt der Spazierweg über die Nordsüdachse in den weitläufigen Baumpark am Neuen Schloss, der im Jahre 1770 reich mit exotischen Gehölzen bepflanzt wurde.

Schlossstraße 27, 34454 Bad Arolsen
www.bad-arolsen.de

02 Schlosspark Wilhelmsthal Calden

Eine prächtige Grottenanlage mit vergoldeten Figuren, Wasserbassin und Wasserspielen schmückt heute noch den Park von Schloss Wilhelmsthal bei Calden, dem ehemaligen Sommersitz der Landgrafen von Hessen-Kassel. Sie stammt ursprünglich aus der Mitte des 18. Jahrhunderts, als unter Wilhelm VIII. der Schlosspark im Rokokostil mit seinen weit in die Landschaft ausstrahlenden Achsen angelegt wurde. Fast ein halbes Jahrhundert später ließ Landgraf Wilhelm IX. den regelmäßigen Rokokogarten in einen naturhaften englischen Landschaftspark umgestalten und dem Zeitgeschmack entsprechend ausstatten, während die alten Strukturen weitgehend erhalten blieben. Durch die hügelige Landschaft mit ihrem sanft modellierten Gelände, den weiten Wiesen, lockeren Baumgruppen, dem Bachlauf und den Teichen verlaufen die geschwungenen Wege, sie führen zu immer wieder neuen Ausblicken in die Natur oder zu den kunstvollen Parkarchitekturen, wie der Grotte mit dem Wasserbassin aus der Anfangszeit oder dem mittelalterlich wirkenden Wartturm, der sich als künstliche Ruine im neugotischen Stil weithin sichtbar erhebt. So breitet sich der Schlosspark seit nun weit mehr als 200 Jahren als malerischer Landschaftsgarten um Schloss Wilhelmsthal aus, das heute zu den bedeutendsten und schönsten Rokokoschlössern Deutschlands zählt.

Schloss Wilhelmsthal, 34379 Calden
www.museum-kassel.de

03 Bergpark Wilhelmshöhe Kassel

Hoch oben auf dem Berg steht Herkules auf der Spitze einer Pyramide und wacht über die Stadt, während sich unter ihm ein gigantisches Wasserschauspiel ereignet: Vom Oktogon unterhalb der Riesenstatue stürzen die Wassermassen in die Tiefe, fließen über die großen Kaskaden, den Steinhöfer Wasserfall, unter der Teufelsbrücke hindurch und über das Aquädukt hinweg, um schließlich im Teich vor dem Schloss in einer gewaltigen 50 Meter hohen Fontäne aufzusteigen. Es sind die weltberühmten Wasserspiele im Bergpark Wilhelmshöhe, die von Mai bis Oktober ein großes Publikum anlocken und zum Staunen bringen. Sie sind eine Hauptattraktion in der jahrhundertealten Parklandschaft, die als einzigartiges Kulturdenkmal gilt und heute zum Weltkulturerbe gehört. Auf einer Fläche von rund 240 Hektar erstreckt sich Europas größter Bergpark, der einstmals von den Landgrafen von Hessen-Kassel angelegt wurde. Seine Anfänge reichen weit bis ins beginnende 18. Jahrhundert zurück, als unter Landgraf Karl der spektakuläre Barockpark mit seinen Wasserkünsten – ein Sinnbild fürstlicher Macht – entstanden ist. Später, in der zweiten Hälfte des Jahrhunderts, wurde die Parkanlage in einen englischen Landschaftsgarten verwandelt und mit weiteren Wasserkünsten ausgestattet. Das war unter Landgraf Wilhelm IX., dem späteren Kurfürsten Wilhelm I., von dem auch die künstliche Burgruine der Löwenburg stammt und der das klassizistische Schloss Wilhelmshöhe errichten ließ. Zu bewundern ist hier ein einzigartiges Gesamtkunstwerk aus Architektur, Gartenkunst und Natur, das Jahr für Jahr tausende Besucher aus aller Welt in seinen Bann zieht.

Schlosspark, 34131 Kassel
www.museum-kassel.de

04 Staatspark Karlsaue Kassel

Von zwei Fuldaarmen umschlossen entstand vor über 300 Jahren die »Karlsaue«, die nach ihrem Schöpfer, Landgraf Karl von Hessen-Kassel, benannt wurde: Es handelt sich dabei um eine groß angelegte Parklandschaft, die sich fächerartig vom ehemaligen Sommerschloss der Landgrafen, dem prachtvollen Barockbau der Orangerie ausbreitet. Sie erscheint anfangs in kunstvoller Gestaltung als formal angelegter barocker Lustgarten, der später im Stil der Zeit landschaftlich überformt wurde. An der Stelle des früheren Barockparterres schuf man das »Bowling green«, eine riesige Rasenfläche in Kleeblattform, die heutige Karlswiese, die von herausragenden Skulpturen umstanden ist. Strahlenförmig breitet sich davon ausgehend die Parklandschaft aus, sie wird auch heute noch geprägt von den drei großen Barockachsen, den beiden äußeren Gräben, dem Hirsch- und Küchengraben, und der Baumallee in der Mittelachse. Dabei handelt es sich um die zentrale Sichtachse, die in Richtung Süden durch den gesamten Park verläuft: Vom Schloss aus führt sie über den weiten Wiesenraum, die Hauptallee und das Große Bassin mit der Schwaneninsel, auf der sich ein kuppelbekrönter Tempel erhebt. Am Ende der Hauptachse befindet sich die Blumeninsel Siebenbergen, die als botanisches Kleinod gilt. Auf vielen geschwungenen Wegen kann man durch den kunstvoll angelegten Landschaftsgarten flanieren, der den Parkbesuchern mit seinen wechselreichen Partien viele malerische Ausblicke und überraschende Einblicke bietet.

Auedamm 18, 34121 Kassel
www.museum-kassel.de

05 Kurpark Bad Sooden-Allendorf

Zwölf Meter hoch und 140 Meter lang ist das mächtige Gradierwerk, das sich in zentraler Lage im Kurpark erhebt: Es ist ein imposanter Bau, umgeben von einem überdachten Wandelgang, der als letzter seiner Art in der Stadt an Ort und Stelle steht. Eine gewaltige Holzkonstruktion, mit Schwarzdornbündeln verfüllt, durch die das hoch gepumpte salzhaltige Wasser, die Sole, langsam verdunstend in die Tiefe fließt oder vielmehr tröpfelt. Ursprünglich im Jahre 1638 erbaut, diente diese Anlage jahrhundertelang der Salzgewinnung, bis man sie schließlich im frühen 19. Jahrhundert, in Zeiten des beginnenden Kurbetriebs, für Heilzwecke nutzte. Seitdem wird das Gradierwerk, das inzwischen vollständig erneuert wurde, als Freiluftinhalatorium eingesetzt, das heute – neben der Werratal Therme gelegen – viele Besucher anzieht. Denn hier kann man beim Umherwandeln gesunde salzhaltige Luft einatmen, es weht gleichsam rund um den Bau eine wohltuende frische Meeresbrise.

Darüber hinaus kann man im und am Park, der in seinen Grünanlagen am Schwanenteich viel Platz zum Erholen und Entspannen bietet, einiges aus der Vergangenheit der Salzstadt sehen und viel über ihre Geschichte erfahren. So gibt es hier neben dem Gradierwerk am Solgraben auch noch das kleine Badehaus von 1818 und einige Meter weiter das Salzmuseum am Söder Tor, das ausführlich über die Historie der Kurstadt informiert.

Am Gradierwerk, 37242 Bad Sooden-Allendorf
www.bad-sooden-allendorf.de

06 Kurpark Bad Wildungen

Er ist Europas größter Kurpark: Auf einer Fläche von 50 Hektar breitet sich heute der Kurpark in Bad Wildungen aus, der sich vom historischen Park der Kernstadt bis zur Anlage im benachbarten Stadtteil Reinhardshausen erstreckt. Über eine »grüne Brücke« wurden die beiden Parkanlagen Ende der 1990er Jahre zu einem großen Kurpark vereint, den man später zur Landesgartenschau 2006 noch mit verschieden gestalteten Gartenräumen erweitert hat. So reicht die Grünanlage heute vom Wasserpark »Aqua Choros« im Osten über den Königsquellenpark unterhalb von Schloss Friedrichstein von einer Wandelhalle zur anderen bis hin zum Schwanenteich im Westen und darüber hinaus. Rund sechs Kilometer lang ist der Kurpark, durch den mehrere Spazier- und Wanderwege oder auch Terrainkurwege führen. Dabei geht es durch eine wechselreiche Parklandschaft mit heimischen und exotischen Gehölzen, mit Bachläufen und Teichen, vorbei an zahlreichen Heilquellen und Kuranlagen oder hin zu besonderen Attraktionen und Sehenswürdigkeiten, wie der »Beim Baden gestörten Nymphe« von Alexander Calandrelli, die im alten Kurpark als bronzene Replik in Erscheinung tritt.

Kurpark, 34537 Bad Wildungen
www.bad-wildungen.de

07 Kurpark Bad Hersfeld

»Park der Jahreszeiten« – so wird der Kurpark von Bad Hersfeld heute genannt, der rund hundert Jahre nach seiner Entstehung 1906 neu gestaltet worden war. Erhalten blieben die alten Wiesenflächen, der historische Baumbestand und der große Teich, ebenso wie die – teilweise erneuerten – Bauten am östlichen Parkrand von der Stadthalle bis zur Kurbad-Therme. Vor allem das zentral gelegene Kurhaus mit der Wandelhalle vor dem Fontänenfeld ist im Zuge der Sanierungen aufwendig in seiner alten Pracht wiederhergestellt worden. Zur neuen Ausstattung der Parkanlage gehört seitdem ein wechselreiches »Gartenband« mit unterschiedlichen Gartenräumen, das in geschwungener Form den westlichen Parkbereich durchzieht. Am Anfang steht ein moderner Quellpavillon in elliptischer Form, in dem die Heilquellen sprudeln. Es handelt sich dabei um einen filigranen Bau aus Holz und Glas, der abends stimmungsvoll in den Stadtfarben leuchtet. Dieser bildet gleichsam den Auftakt zu der sich anschließenden Folge von Themengärten, angefangen vom Duft- oder Bambusgarten über den Kubus- und Glasgarten bis hin zu den Jahreszeitengärten. Dazu gehört auch ein »Garten der sprechenden Steine« in Erinnerung an den Schöpfer des Rechtschreibwörterbuchs Konrad Duden, der einstmals lange Zeit in der Stadt gelebt hat. Als eine weitere Attraktion taucht am Ende des Gartenbands die »Magische Quelle« auf, die hier sinnbildlich für die Bad Hersfelder Heilquellen erscheint.

Am Kurpark 10, 36521 Bad Hersfeld
www.bad-hersfeld.de

08 Alter Botanischer Garten Marburg

Ob unter hohen Bäumen, zwischen Blühwiesen und Heilpflanzen, am Bachlauf entlang oder rund um den Seerosenteich – auf vielen Wegen werden die Besucher zur näheren Betrachtung der Natur und ihrer Schöpfungen eingeladen, während ihre Blicke immer wieder auch in die Ferne gelenkt werden. Neben der neuen Universitätsbibliothek liegt der Alte Botanische Garten zentral in Marburgs Mitte: Eine grüne Oase am Fuße der Altstadt mit weitem Ausblick mal bis zum Landgrafenschloss, dann zur Elisabethkirche oder auch zum Spiegelslustturm. Seit mehr als 200 Jahren befindet sich der Wissenschaftsgarten bereits an seinem jetzigen Standort, der zunächst ausschließlich der Forschung und Lehre diente, seit der Eröffnung des Neuen Botanischen Gartens auf den Lahnbergen in den 1970er Jahren aber auch als öffentliche Grünanlage genutzt wird. Für viele ist er heute eine beliebte Erholungsstätte, in der man die Natur genießen und zugleich eine einzigartige Flora erkunden kann. Besonders eindrucksvoll sind die hochgewachsenen alten Bäume, darunter einige wertvolle Exemplare, wie der Tulpenbaum oder die Platane, die in dem denkmalgeschützten Landschaftsgarten bereits seit den Anfängen im 19. Jahrhundert wachsen. Und auch einen Arzneipflanzengarten gibt es vor dem alten Institutsgebäude zu bewundern, in dem man verschiedene Heilkräuter kennenlernen kann. Vom Arboretum zum pflanzengeografischen Quartier – beim Durchstreifen der Grünanlage kann man eine vielfältige Pflanzenwelt erleben, die aus den verschiedensten Regionen und Ländern der Erde stammt. Zu entdecken ist ein kunstvoll angelegter Universitätsgarten mit langer Geschichte, in dem Wissenschaft und Bildung, Freizeit und Erholung eng miteinander verknüpft sind.

Pilgrimstein, 35037 Marburg
www.uni-marburg.de

09 Schlosspark Marburg

Eindrucksvoll ist die Aussicht vom Schlossberg über die Stadt und das Lahntal hinweg bis in die umgebende Landschaft. Hoch über der Marburger Altstadt, noch höher als der Schlosshof, liegt der idyllische Schlosspark mit Rosengarten auf der weitläufigen Außenanlage des Landgrafenschlosses. Er ist Marburgs größter Park, der sich im Laufe der Jahrhunderte vielfältig entwickelt hat. Seine Geschichte beginnt in der Zeit nach 1780, als die Festungsanlage aufgegeben und auf den Freiflächen ein erster Garten angelegt worden war. Später, seit dem frühen 20. Jahrhundert, wurde der Park im Wandel der Zeiten mehrfach neu- und umgestaltet. So entstand auch der romantische Rosengarten, bepflanzt mit rund 7000 Rosen in 60 Varianten, die im Sommer vielfarbig blühen und duften. Er befindet sich auf dem Gelände der ehemaligen Rennbahn, dem mittelalterlichen Turnierplatz, vor dem »Judizierhäuschen« aus dem 17. Jahrhundert, das heute ein Café beherbergt. Ebenfalls aus dieser Zeit stammt auch der Turm im hinteren Parkbereich, der einstige Pulverturm, der später in einen Metereologischen Turm umgewandelt wurde. Mitten in der Grünanlage mit ihren vielen lauschigen Ecken, mit altem Baumbestand, Spazierwegen und Rasenflächen befindet sich heute eine Freilichtbühne für Veranstaltungen, Konzerte und das Open Air Kino. Bei einem Spaziergang durch den Schlosspark können die Besucher nicht nur viele Spuren und Zeugnisse aus der Vergangenheit der einstigen Festungsanlage entdecken, sondern immer wieder auch den Blick auf das Landgrafenschloss und weit darüber hinaus werfen.

Gisonenweg, 35037 Marburg
www.marburg.de

10 Botanischer Garten Gießen

Es war vor weit mehr als 400 Jahren, als Landgraf Ludwig von Hessen-Darmstadt der neu gegründeten Universität ein Gartengelände schenkte, auf dem ein medizinischer Heilpflanzgarten für die wissenschaftliche Forschung und Lehre eingerichtet wurde. Aus diesem »Hortus Medicus« und dem benachbarten Forstbotanischen Garten entwickelte sich der Botanische Garten bis heute zum universitären »Garten der Evolution«, der während der Öffnungszeiten allen Besuchern offensteht. Von Frühling bis Herbst lädt er Erholungssuchende und Naturliebhaber zu einer Reise durch die Welt der Pflanzen ein, die aus allen Erdteilen stammen. Auf einem Rundgang durch diesen ältesten Botanischen Universitätsgarten, der sich heute noch an Ort und Stelle befindet, kann man über 8000 heimische und exotische Pflanzenarten entdecken. Sie wachsen in den Gewächshäusern und auf den Freiflächen in unterschiedlichen Bereichen. Besondere Highlights sind ein blindengerecht gestalteter Duft- und Tastgarten, eine Blumenuhr und der Evolutions-Denkpfad »Denkmal an Darwin«. Beeindruckend ist auch der erhaltene alte Baumbestand im Garten, darunter ein Berg-Mammutbaum am Eingang, der 1816 gepflanzte Ginkgo-Baum und eine Chinesische Flügelnuss vor dem sehenswerten Haus der Gartenverwaltung, das rundum von Wildem Wein, genauer von der Dreispitz-Jungfernrebe, bewachsen ist.

Sonnenstraße, 35390 Gießen
www.uni-giessen.de

11 Stadtpark Wieseckaue Gießen

Viele kommen in die Wieseckaue, um spazieren zu gehen, zu joggen oder Rad zu fahren. Andere machen sich auf den Weg in den Park, um zu skaten, Ball oder Boule zu spielen. Und wieder andere wollen einfach nur im Grünen ausspannen, sich auf einer Parkbank ausruhen, auf den Wiesen verweilen und die Natur genießen: Der Gießener Stadtpark bietet das ganze Jahr über ein vielseitiges Angebot an Aktivitäten zum Spielen und Austoben, aber auch viel Raum zum Entspannen und Erholen oder auch Entdecken. Rund 35 Hektar groß ist der Park in unmittelbarer Innenstadtnähe, der mit seinen ausgedehnten Grünflächen viele Besucher anlockt. Seine Geschichte beginnt bereits in den Dreißigerjahren des 20. Jahrhunderts mit der Anlage des Schwanenteichs, während später in den Sechzigerjahren das Gelände mit einem großen »Neuen Teich« in seiner Mitte zum Stadtpark erweitert wurde. Heute gibt es in der Parkanlage an der Wieseck, die eine der Kernzonen während der Landesgartenschau 2014 war, viele verschiedene Spiel- oder Sportplätze und Wissensstätten, darunter einen Fitness- und Skate-Park, einen Quellgarten und die Wissenschaftsgärten, in denen man »der Natur auf die Spur« kommen und viel Spannendes entdecken kann. Ein besonderes Highlight ist im Sommer die am Wasser gelegene Strandbar mit weißem Sand und Palmen, die bei schönem Wetter Urlaubsgefühle weckt und zum Verweilen und Genießen einlädt.

Ringallee, 35390 Gießen
www.giessen-entdecken.de

12 Schlossgarten Fulda

Zwischen den prächtigen Gartenterrassen vor Schloss und Orangerie breitet sich ein schmuckvolles Gartenparterre mit Brunnen aus, an das sich ein Boskettgarten mit Wasserbassin anschließt: Wer durch den Schlossgarten spaziert, der wandelt gleichsam auf den Spuren der Vergangenheit durch die Grünanlage, die sich nach ihrer Sanierung wieder weitgehend so wie im Spätbarock präsentieren soll. Angelegt wurde der Residenzgarten im Auftrag von Fürstabt Constantin von Buttlar ursprünglich im frühen 18. Jahrhundert nach den Entwürfen des berühmten Baumeisters Maximilian von Welsch, von dem auch der monumentale Bau der Orangerie stammt. Nach seinen Plänen entstand ein streng geometrischer Barockgarten mit betonten Achsen zwischen Schloss und Orangerie, der reich mit Brunnen, Bassins und Skulpturen ausgestattet war. Auf der Freitreppe vor der Orangerie erhebt sich heute noch die monumentale Floravase, geschaffen vom Bildhauer Johann Friedrich Humbach 1728, die heute zu den Wahrzeichen Fuldas gehört. Es handelt sich dabei um ein bedeutendes Werk barocker Gartenskulptur, das die römische Göttin der Blumen auf einer Vase zeigt, wie sie eine goldene Lilie in der erhobenen Hand hält. Zwei weitere Barockskulpturen von Johann Neudecker aus dem Jahre 1711, wiederum eine Flora und der Herkules, stehen auf der Schlossterrasse. Ausgehend vom Parterre erstreckt sich nordöstlich der Boskettgarten mit Wasserbecken und Pavillons, der heute noch seinen alten Baumbestand aus der Zeit der späteren landschaftlichen Umgestaltung besitzt.

Pauluspromenade (Zugang West), Kurfürstenpromenade (Zugang Ost), 36037 Fulda
www.tourismus-fulda.de

13 Schlosspark Fasanerie Eichenzell

Wer sich von Westen über die große Allee der Fasanerie nähert, kann das prachtvolle Schloss durch eine Folge von Toranlagen bereits aus der Ferne erblicken. Errichtet wurde die großzügige Barockanlage an der Stelle eines kleinen Landsitzes um die Mitte des 18. Jahrhunderts als Sommerresidenz für Fürstabt Amand von Buseck, der neben einer bestehenden »wilden Fasanerie« einen Park mit Lustgarten im Stil der Zeit anlegen ließ. Dieser streng geometrische Barockgarten, von dem heute noch einige Anlagen und Architekturen im Garten zeugen, wurde unter Kurfürst Wilhelm II. von Hessen – der damaligen Mode entsprechend – in einen englischen Garten umgestaltet. Damals schuf man aus den barocken Partien eine ideale romantische Naturlandschaft mit weiten Wiesen, lockeren Baumgruppen, kunstvoll angelegten Teichen und einem weitläufigen Wegenetz in geschwungenen oder sich schlängelnden Verläufen. Durch den früheren Parkzugang, am ehemaligen Badehaus vorbei, geht es in den Garten vor die große Sommerterrasse am Südflügel, von der aus man einen weiten Blick über das Bassin und die Wiesenlandschaft bis hin zum Chinesischen Pavillon hat. Eine weitere sehenswerte Parkarchitektur aus der Zeit der Fürstäbte erhebt sich im Osten der Anlage: der Japanische Pavillon, einstmals an einer Wasserachse gelegen, die im Zuge der landschaftlichen Umgestaltung in ein Wiesental verwandelt wurde. Dahinter befindet sich der mit einem sechsstrahligen Jagdstern angelegte, ehemalige Wild- und Waldpark: Die »wilde Fasanerie«, die dem – auch Adolphseck genannten – Schloss seinen Namen gab, das heute zur Kulturstiftung des Hauses Hessen gehört.

Schloss Fasanerie, 36124 Eichenzell
www.schloss-fasanerie.de

14 Schlossgarten Weilburg

Weit oben auf einem Bergsporn thront es hoch über der Lahn und zeugt eindrucksvoll vom Glanz vergangener Zeiten: Es war zu Beginn des 18. Jahrhunderts, als Graf Johann Ernst von Nassau-Weilburg das Renaissanceschloss zu einer prächtigen Barockresidenz erweitern und zugleich einen repräsentativen Garten anlegen ließ. Über mehrere Terrassen hinweg entstand eine barocke Parkanlage mit wechselreich gestalteten Gartenräumen, die im Laufe ihrer Geschichte so manche Wandlung erfahren hat, im Wesentlichen aber bis heute erhalten ist. Auf der oberen Terrasse erhebt sich zwischen Schloss und Schlosskirche eine im Halbrund errichtete Orangerie mit festlichem Gartensaal, vor der sich ein symmetrisch angelegtes Gartenparterre ausbreitet. Daran schließt sich in südliche Richtung ein Lindenboskett an, das – wie schon vor Jahrhunderten – unter schattenspendendem Blätterdach zum Flanieren einlädt. Zwei Freitreppen führen am Ende in den unteren Garten, in das Parterre vor der zweiten Orangerie, erbaut nach dem Vorbild von Versailles, die der Überwinterung von Kübelpflanzen dient. Dort, in diesem von Buchsbaumhecken und Blumenbeeten umrahmten Parterre, kann man heute auf den Wegen zwischen den ornamental gestalteten Rasenflächen spazieren und dabei zwei vergoldete Statuen aus der Nähe betrachten, die einen antiken Cymbalspieler und Lurenbläser darstellen. Auch eine Sonnenuhr mit dem Wappen des Grafen gibt es im südlichen Bereich des Gartens zu bewundern: Sie steht am Rande der Terrasse, die über die Balustrade hinweg den Blick auf den unteren Blumengarten freigibt. Immer wieder bieten sich den Besuchern beim Spaziergang durch den Garten faszinierende An- und Aussichten, die weit über das Schloss und seine Grünanlage hinausreichen.

Schlossplatz 3, 35781 Weilburg
www.schloesser-hessen.de

15 Schlossgarten Usingen

Zuerst gab es hinter dem Schloss einen Lustgarten, der zu Zeiten von Fürst Walrad von Nassau-Usingen als Baumgarten über zwei Terrassen angelegt wurde. Dann folgte im frühen 18. Jahrhundert seine Umwandlung in einen großen Barockgarten, vermutlich durch den berühmten Baumeister Maximilian von Welsch. Entstanden war eine durchgehend terrassierte Gartenanlage, unter anderem mit Nutzgarten und Blumenparterre, mit Pavillons, einer Orangerie, einem Boskett, mit Teichanlage und chinesischem Haus. Über insgesamt sechs Terrassen, die von Mauern gestützt und über Freitreppen zugänglich waren, erstreckte sich die imposante Gartenlandschaft, die im Laufe der Zeiten immer wieder auch umgestaltet und erweitert wurde. Wie aus den erhaltenen Plänen hervorgeht, gab es vor allem im Laufe des 19. Jahrhunderts größere Veränderungen. Insbesondere nach der Einrichtung des Lehrerseminars 1851 im später neu aufgebauten Schloss wurden die einzelnen Gartenräume unterschiedlich genutzt, teilweise auch bebaut und umfunktioniert. Nur der obere Bereich des Schlossgartens, die sechste Etage, blieb über die Jahrhunderte hinweg als Grünanlage bestehen. Mehr noch: Sie wurde seit dem Erwerb durch die Stadt 1901 als öffentliche Parklandschaft gepflegt und unter anderem mit Denkmälern ausgestattet. Heute ist dieser noch bestehende Teil des Schlossgartens ein beliebtes Ausflugsziel für Groß und Klein, das viel Raum für die Erholung, zum Ausruhen und Spazierengehen, für Spiel und Sport bietet. Zu den Sehenswürdigkeiten gehört unter anderem das 1902 errichtete Denkmal zu Ehren von Fürst Walrad, das sich am südlichen Rand der fürstlichen Terrasse mit Weitblick über die ehemalige fürstliche Residenz befindet, während sich dahinter die 300 Jahre alten Eiben aus dem historischen Schlossgarten erheben.

Schlossgartenweg, 61250 Usingen
www.usingen.de

16 Kurpark Bad Nauheim

Seit der Mitte des 19. Jahrhunderts lädt er mit seiner kunstvoll gestalteten Naturlandschaft zu ausgiebigen Spaziergängen und zum Verweilen ein: Geschaffen wurde der historische Kurpark von keinem Geringeren als Heinrich Siesmayer, dem berühmten Frankfurter Gartenarchitekten und Schöpfer des Palmengartens. Nach seinen Plänen entstand ab 1857 in der zum Weltbad aufsteigenden Kurstadt ein großzügig angelegter englischer Landschaftspark, der auch heute noch als ein beliebter Erholungsort mit seinen Freizeitattraktionen das grüne Zentrum der Stadt bildet.

Von der Parkstraße aus verlaufen mehrere Wege in großen Schwüngen durch weite Wiesenräume, umsäumt oder bestanden von wertvollen alten Gehölzen. Sie führen bei einem Parkrundgang in Richtung Norden zunächst über den Kleinen Teich, dann einmal rund um den Großen Teich mit Teichhaus und schließlich wieder zurück, am Flüsschen Usa entlang. Dabei kommt man auch am Kastanienrondell mit seinem Brunnen der Erkenntnis vorbei, von dem aus eine Sichtachse zum Jugendstilensemble des Sprudelhofs verläuft. Sehens- und erlebenswert sind darüber hinaus auch auf der anderen Seite der Parkstraße hinter der Dankeskirche der Rosengarten und die sich anschließende Trinkkuranlage sowie die fünf Gradierbauten als Inhalatorien und der Gesundheitsgarten im Süden. Überall im und um den Kurpark herum ist das Wasser überaus präsent: Es spielt in der Gesundheitsstadt, die sich vom Salzort zum Heilbad entwickelte, von alters her eine bedeutende Rolle.

Parkstraße, 61231 Bad Nauheim
www.bad-nauheim.de

17 Burggarten Friedberg

Als eine wahre Idylle in der Stadt, ein landschaftliches Kleinod mitten im urbanen Raum, präsentiert sich heute der Friedberger Garten, der sich in einer der größten Burganlagen Deutschlands befindet: Zwischen den alten Ringmauern erstreckt sich auf dem Burggelände ein historischer Landschaftsgarten, in dem man in aller Ruhe und fern des Trubels auf mehreren Spazierwegen flanieren und dabei die Aussicht genießen kann. Dort, wo sich früher der Zwinger befand, hatten die Burgherren seit der ersten Hälfte des 18. Jahrhunderts einen barocken Lustgarten geschaffen, der Anfang des 19. Jahrhunderts in einen englischen Landschaftsgarten umgestaltet wurde. An zentraler Stelle hinter dem Schloss überspannt bereits seit 1754 eine Brücke den Burggraben, die zu einem der Aussichtspunkte an der äußeren Ringmauer mit weitem Blick in die Umgebung führt. Diese historische Grünanlage mit ihren nebeneinander gestaffelten Wegen auf unterschiedlichen Ebenen, die im Graben, an den Hängen oder auf dem Wall verlaufen, wurde in den Zwanzigerjahren des 20. Jahrhunderts öffentlich zugänglich gemacht und später durch eine Naturbühne bereichert. Zuletzt erfolgte zwischen 2007 und 2010 eine umfassende Sanierung des Parks, der sich heute wieder mit seiner Wegeführung und der Lindenallee in alter Pracht präsentiert: als ein Refugium im historischen Ambiente zwischen mittelalterlichen Mauern, das den Besuchern viele malerische Ein- und Ausblicke in die Landschaft bietet.

In der Burg, 61169 Friedberg
www.friedberg-hessen.de

18 Kurpark Bad Salzhausen Nidda

Jahrhundertelang war Salz, das »weiße Gold«, ein kostbarer Rohstoff, der in Salzhausen aufwändig aus den Solequellen gewonnen wurde. Bis dann im frühen 19. Jahrhundert die Heilkraft des Salzwassers erkannt und durch den berühmten Chemiker Justus von Liebig bescheinigt wurde. Infolgedessen entwickelte sich der Ort zu einem bedeutenden Kurbad, in dem ab Mitte der 1820er Jahre eine ausgedehnte Parklandschaft angelegt wurde. Malerisch an einem sanft abfallenden Hang gelegen, entstand nördlich des Kurhauses der obere Kurpark, der heute zu den ältesten Anlagen seiner Art in Deutschland zählt. Sein Schöpfer war der Landschaftsgärtner Bindernagel, der hier einen typischen englischen Landschaftsgarten mit weiten Wiesen und einem vielfältigen Baumbestand plante. Durch diesen Kurpark kann man auf geschwungenen Rundwegen vorbei an historischen Bauten und Anlagen wandeln – und dabei immer wieder etwas Neues in der Natur, im »Park der Bäume« oder im Skulpturenpark entdecken. Demgegenüber breitet sich südlich des Kurhauses der untere Kurpark neben der Justus-Liebig-Therme aus, der mit seinen weitläufigen Wiesen und der schmuckvollen Bepflanzung rund um die Heilquellen angelegt wurde. Neben dem Wasserrad mit der Stangenkunst zeugt eines von ehemals sechs Gradierwerken von der Vergangenheit des Salzortes, das in seinem Wandelgang zum Verweilen und Inhalieren der salzhaltigen Luft einlädt, während einige Meter weiter an der Trinkkuranlage das Heilwasser angeboten wird. Mit seiner seltenen und artenreichen Vegetation ist der insgesamt 52 Hektar große Kurpark ein idyllischer Ort zum Erholen und Kraft tanken, der darüber hinaus viel Kunst und Kultur in der Natur zu bieten hat.

Kurstraße / Quellenstraße, 63667 Nidda
www.bad-salzhausen.de

19 Skulpturenpark Bad Salzhausen Nidda

Wie zwei voluminöse, prall mit Luft gefüllte Kissen wirken die beiden Metallskulpturen von Rudolf Tschudin, die tatsächlich den Titel »Schwimmflügel« tragen. Sie erheben sich auf der großen Wiese am Eingang zum oberen Kurpark und damit gleichsam am Anfang des Skulpturenparks. Einige Meter daneben stehen die »Sternenspiegel« von Christoph Jakob, die der Bildhauer kunstvoll aus dem Stein herausgearbeitet hat. Wer den Blick weiter über historische Parkanlage schweifen lässt, entdeckt in der Nähe und Ferne weitere Kunstwerke in der Natur, denen man sich auf mehreren Wegen nähern kann. Gezeigt werden im Wechsel rund 50 Arbeiten von internationalen Künstlerinnen und Künstlern, die vor Ort an einem der regelmäßig stattfindenden Bildhauersymposien oder Werkforen teilgenommen haben. Es sind abstrakte und figürliche Skulpturen, die in der historischen Landschaft immer wieder neue überraschende Perspektiven eröffnen. Zum Vorschein kommen sehr unterschiedliche künstlerische Positionen, die miteinander und mit der Gartenkunst in einen spannenden Dialog treten. Darunter finden sich auch die Werke von Stephan Guber und Axel Wilisch, Gründungsmitglied von Kunst:Projekt, das den Skulpturenpark ins Leben gerufen hat. Seine Holzskulpturen sind oftmals in einem direkten Bezug zum Ort entstanden, wie die »Gegenüberstellung« und das »Liebig-Projekt«. Bei einem Rundgang durch diese »Galerie unter freiem Himmel« gibt es immer wieder etwas Neues in Verbindung mit der Natur zu entdecken, das zur individuellen Begegnung einlädt, wie beispielsweise das Werk »Zukunft in Erde« von Luc Peters und Marq Pesch, das am Wegesrand unvermittelt wie ein archäologisches Relikt aus einer vergangenen Zeit und fernen Kultur auftaucht.

Im Park, 63667 Nidda
www.kunst-projekt.de

20 Archäologischer Park Glauburg

Aus dem Hang des Glaubergs ragt ein langgestrecktes Gebäude heraus, wie ein riesiges »Fernrohr in die Vergangenheit«, das mit seinem Panoramafenster auf den vor ihm liegenden Grabhügel ausgerichtet ist. Es ist die »Keltenwelt am Glauberg«, ein moderner Museumsbau, der hier, am historischen Ort des einstigen Keltenzentrums, die spektakulären Funde der Ausgrabungen zeigt, darunter auch die berühmte Sandsteinstatue des Keltenfürsten vom Glauberg. Auf den Spuren der einstigen Siedler kann man außerdem durch den 35 Hektar großen Archäologischen Park wandern und dabei so manch Spannendes aus der keltischen Geschichte sehen und erfahren. Beginnend mit dem unterhalb des Museums rekonstruierten Grabhügel, seinen rätselhaften Pfosten und einem Teil der »Prozessionsstraße«. Weiter oben auf dem Berg-Plateau führt der Keltenweltpfad an mehreren Stationen mit Infotafeln zu den gewaltigen Wällen des einst mächtigen keltischen Fürstensitzes aus der Zeit vor rund 2.400 Jahren ebenso wie zu den Überresten der Bebauung aus dem Mittelalter. Dabei hat man überall an diesem besonderen Ort am oder auf dem Glauberg einen grandiosen Ausblick über die Landschaft der Wetterau und auch weit über sie hinaus.

Am Glauberg 1, 63695 Glauburg
www.keltenwelt-glauberg.de

21 Kurpark Bad Orb

Tag für Tag rieselt die Sole von oben nach unten durch die meterhohen Schwarzdornwände und versprüht ringsum einen Hauch von Meeresluft. Im historischen Kurpark von Bad Orb steht Hessens größtes erhaltenes Gradierwerk, das früher – wie alle Bauten dieser Art – der Salzproduktion diente und heute als Freiluft-Inhalatorium genutzt wird. Es ist ein imposantes Monument, 155 Meter lang, 12 Meter breit und 18 Meter hoch, mit gleich zwei riesigen Rieselwänden, die man nicht nur von außen begehen, sondern auch auf dem Wandelgang in ihrer Mitte genießen kann. Außer diesem riesigen Technikdenkmal von 1806 hat der alte Kurpark aber noch vieles mehr zu bieten, das Erholung und Gesundheit in der Natur verspricht. Weit über hundert Jahre alt ist die langgestreckte Gartenanlage, geschaffen um 1900 vom Frankfurter Gartenarchitekten Siesmayer im englischen Landschaftsstil mit weitläufigen Wegen zum ausgiebigen Spazierengehen. Bis heute erscheint der Kurpark mit seinen alten Bäumen, Blumenbeeten und Wiesen, einem Weiher und Bachlauf als landschaftliche Idylle, in der es neben einem Lehrkräutergarten auch eine Kneipp-Anlage, einen Fitness-Parcours und natürlich auch einen Spielplatz gibt. Ein besonderes Erlebnis für die ganze Familie ist darüber hinaus der hier beginnende und wieder endende Barfußpfad, der mit 4,5 Kilometern der längste seiner Art in Deutschland ist.

Kurparkstraße, 63619 Bad Orb
www.bad-orb.info

22 Kurpark Bad Schwalbach

Mit der Entdeckung der Heilkraft der Quellen durch den Arzt und Apotheker Dr. Jakob Theodor, genannt Tabernaemontanus, beginnt im späten 16. Jahrhundert die Geschichte der Kurstadt – und damit auch die des Kurparks, der sich aus einem kleinen Garten zu einer großen Parkanlage entwickelte. Große Blütezeiten erlebte das Heilbad vor allem auch im 19. Jahrhundert, als hier der Hochadel zur Kur und Erholung kam, darunter die russische Zarin Marie und Kaiserin Elisabeth von Österreich. Aus dieser Zeit stammen auch viele der repräsentativen Kurbauten, wie das Allesaal-Gebäude oder Stahlbadehaus und das zentral gelegene Kurhaus. Über zwei Bachtäler erstreckt sich der Kurpark mit seinen elf Brunnenanlagen, der zur Landesgartenschau 2018 nach historischem Vorbild wiederhergestellt wurde. Auf weitläufigen Wegen geht es durch das Menzebachtal, am Rosenhang vorbei, zum Kurweiher, an dessen Ufer sich seit 2018 der Schwalbentempel erhebt: Ein filigraner Pavillon in strahlendem Weiß, der aus tausenden Schwalben besteht. Vieles gibt es hier zu sehen und zu erleben beim weiteren Rundgang durch das Wiesental, angefangen vom Hubertustempel über den Waldspielplatz und Barfußpfad bis hin zum Waldsee mit der längsten Bank Hessens, die zum Ausruhen einlädt. Eine der Hauptattraktionen ist die historische Kurbahn, die früher das Moor aus den Gruben ins Moorbadehaus transportierte und heute die Besucher – über hölzerne Stege – zum »begehbaren« Moor fährt. Auch im Röthelbachtal gibt es viele Plätze in der Natur für Erholung und Gesundheit, aber auch für Entdeckungen, für Spaß und Spiel, wie auf dem großen Spielplatz »Obstkiste« oder im Heilpflanzengarten, der auf 200 Quadratmetern über Heilkräuter informiert.

Am Kurpark, 65307 Schwalbach
www.bad-schwalbach.de

23 Kurpark Schlangenbad

Von alters her ist die Äskulapnatter das Symboltier der Heilkunst und seit langem auch das Wappentier des kleinen Kurbads zwischen Rheingau und unterem Taunus. Schon der Ortsname verweist auf das seltene und scheue Reptil, das heute noch in dem Gebiet rund um Schlangenbad beheimatet ist. Solange die Natter in der Umgebung vorkomme, heißt es in der Überlieferung, solange werden auch die Heilquellen sprudeln, die zur Entstehung und zum Aufstieg des einst feudalen Kurbads führten. Im späten 17. Jahrhundert beginnt die Geschichte von Schlangenbad, das im Laufe der Zeiten als bevorzugter Kurort des europäischen Hochadels große Blütezeiten erlebte. An diese glanzvollen Anfangszeiten erinnern noch die alten Baumalleen, wie die Nassauer Allee von 1700 oder die so genannte Küsschen Allee von 1725, die heute wie in früheren Zeiten auf schattigen Wegen zu romantischen Spaziergängen einladen. Im tiefen Talgrund, der sich zwischen steil ansteigenden bewaldeten Berghängen erstreckt, liegt inmitten des Ortes der vom Warmen Bach durchflossene historische Kurpark. Neben den Kuranlagen breitet er sich mit seinen Grünflächen und Kulturdenkmälern bis zu den umgebenden Wäldern aus. Außer einem botanischen Farngarten gibt es in Schlangenbad auch einen Schlangenpfad: Dieser verläuft durch den oberen Kurpark und informiert über die in der Region lebende Äskulapnatter, die zu den größten Schlangenarten Europas gehört.

Rheingauer Straße, 65388 Schlangenbad
www.schlangenbad27grad.de

24 Rosengarten der Kurfürstlichen Burg Eltville

Tausende von blühenden Rosen schmücken Jahr für Jahr die Kurfürstliche Burg und Rheinpromenade, sie wachsen an den Mauern, im Graben und Garten der ehemaligen bischöflichen Residenz. Rund 350 Rosensorten kann man während der warmen Jahreszeit in der Burganlage aus dem 14. Jahrhundert bewundern, darunter viele bekannte, aber auch seltene, exotische und historische Pflanzenarten, angefangen von den hoch aufwachsenden Kletterrosen bis hin zu den Stöcken in kunstvoll angelegten Rosenbeeten.

Seit 1988 ist die Wein- und Sektstadt Eltville offiziell auch anerkannte Rosenstadt, deren Geschichte sich aber weiter bis ins 19. Jahrhundert zurückverfolgen lässt. Bereits 1871 gab es eine Rosenschule, gegründet von Carl Schmitt, die im Laufe der Jahre einen großen Aufschwung erlebte. Damals waren die Eltviller Rosen weit über die Grenzen des Landes gefragt und wurden sogar bis an den russischen Zarenhof geliefert. Und auch andere Eltviller Gärtnereien widmeten sich lange Zeit der Aufzucht von Rosen, nahmen an Ausstellungen teil und gewannen Preise. Doch dann, nach dem Ersten Weltkrieg wurde es erst einmal wieder ruhiger um die Königin der Blumen, bis man später, in den Sechzigerjahren, an die Vergangenheit anknüpfte und in den städtischen Anlagen Rosen anpflanzte. Dies war dem Stadtgärtner Reinhard Pusch zu verdanken, der im Jahre 1979 in der Burg am Rhein den Rosengarten anlegte und Kletterrosen pflanzte. Heute sind hier in der Stadt der Rosen rund 22.000 Pflanzen beheimatet, die jedes Jahr zur Blütezeit zahlreiche Rosenliebhaber von nah und fern anlocken.

Burgstraße 1, 65343 Eltville
www.eltville.de

25 Grünanlagen Warmer Damm Wiesbaden

Seinen Namen verdankt der Park einer besonderen historischen Situation: Denn einstmals befand sich auf dem Gelände eine Weiherlandschaft mit umgebendem Damm, in der sich die Abläufe der heißen Quellen sammelten. Dieser ursprünglich vor der Stadt gelegene »Warme Damm« wurde während der Stadterweiterung in einen öffentlichen Park verwandelt. Unter Gartendirektor Karl Friedrich Thelemann entstanden ab 1859 die Grünanlagen im damals modernen englischen Landschaftsstil mit eindrucksvollen Blickachsen auch über die Parkgrenzen hinweg auf die Umgebung. Vom Staatstheater im Norden bis hin zur »Englischen Kirche« im Süden erstreckt sich die Parklandschaft mit ihrer reichen Flora und Fauna, mit Baum- und Buschgruppen, weiten sonnigen und beschatteten Wiesen und dem zentralen Weiher mit Fontäne. Weite bogenförmige Wege führen heute wie damals durch den Landschaftsgarten, der sich in seiner Struktur weitgehend unverändert erhalten hat. Hinzugekommen sind im Laufe der Zeit neben den historischen Standbildern auch mehrere moderne Skulpturen, wie die »Spielenden Hengste« von Gerhard Marcks im nördlichen Parkbereich. Mitten im städtischen Leben, entlang der Wilhelmstraße und Paulinenstraße bietet der »Warme Damm« auch heute nicht nur viel Raum zum Erholen und Ausspannen, er ist zugleich auch ein beliebter Treffpunkt für Jung und Alt, und darüber hinaus immer wieder auch ein vielbesuchter Ort der Feste und Veranstaltungen.

Warmer Damm, 65189 Wiesbaden
www.wiesbaden.de

26 Kurpark Wiesbaden

Zwei monumentale Sandsteinsäulen erheben sich am Parkeingang hinter dem Nizzaplätzchen. Sie erinnern an das erste Wiesbadener Kurhaus von 1810, das fast hundert Jahre nach seiner Entstehung wieder abgerissen wurde, um an seiner Stelle ab 1907 einen imposanten Neubau zu errichten. Auch der sich hinter dem Kurhaus anschließende Park wurde schon bald nach seiner ersten Anlage vielfach verändert und vergrößert, insbesondere durch Karl Friedrich Thelemann um die Mitte des 19. Jahrhunderts und schließlich um 1907 durch Heinrich Zeininger. So war in den glanzvollen Zeiten des Weltbads ein weitläufiger Landschaftsgarten mit reicher und vielfältiger Flora geschaffen worden, der sich vom Parkeingang neben dem Kurhaus und seiner großen Terrasse über den Weiher mit hoher Wasserfontäne und Halbinsel bis hin zum Denkmal des Schriftstellers Gustav Freytag ausbreitet. Auf breiten Wegen, die in weiten Bögen verlaufen, kann man heute wie damals durch die historische Parkanlage spazieren, auf einer der Ruhebänke verweilen oder sich auf den weiten Wiesen mit altem Baumbestand niederlassen, die viele schattige Plätzchen bieten. Darüber hinaus gibt es beim Gang durch die Parklandschaft, die den Besuchern immer wieder neue Perspektiven eröffnet, auch so manch neuere Kunstwerke zu sehen oder auch ältere Monumente zu entdecken, die – wie die Kurhaussäulen – an die Vergangenheit der Kurstadt erinnern.

Kurhausplatz 1, 65189 Wiesbaden
www.wiesbaden.de

27 Nerobergpark Wiesbaden

Schon die gelb-blaue Nerobergbahn auf dem Viadukt ist eine Sehenswürdigkeit für sich. Von alters her, genauer gesagt seit dem Jahre 1888, bringt sie ihre Fahrgäste von der Talstation hoch auf den Neroberg und wieder zurück. Dabei handelt es sich um die älteste und einzige Drahtseil-Zahnstangenbahn Deutschlands, die mit Wasserballast betrieben wird: So fährt sie auch heute noch die Passagiere während der Saison über 75 Höhenmeter den steilen Hang hinauf auf den 245 Meter hoch gelegenen Hausberg der Stadt. Dort oben angekommen erwarten die Ausflügler nicht nur faszinierende Aussichten über die Stadt bis nach Mainz und in den Odenwald, sondern auch verschiedene Freizeiteinrichtungen und Anlagen der besonderen Art. Oberhalb des Weinbergs liegt auf der Bergkuppe der um 1851 geschaffene Bergpark mit seinem antik anmutenden Rundtempel, einem Monopteros mit weißen Säulen, der von einer hohen Kuppel bekrönt wird. Dahinter findet sich – neben der amphitheaterartigen »Erlebnismulde« für kulturelle Veranstaltungen – ein Turm mit Gastronomie, der ursprünglich zu einem Hotelgebäude aus Kaisers Zeiten gehörte. Nicht weit entfernt von diesem romantischen Ort erhebt sich die Russische Kirche, die Herzog Adolf von Nassau zwischen 1847 und 1855 als Grabkirche für seine verstorbene Frau erbauen ließ. Mit ihren fünf vergoldeten Kuppeln ist sie heute das glanzvolle Wahrzeichen der Stadt, das weithin sichtbar auf dem Neroberg thront.

Neroberg, 65193 Wiesbaden
Nerobergbahn (kostenpflichtig), Nerotal, 65193 Wiesbaden
www.wiesbaden.de

28 Nerotal-Anlagen Wiesbaden

Etwa 75 Nadelgehölzarten, 300 Laubbaumarten und 70 verschiedene Stauden- und Gräsersorten schmückten um die Jahrhundertwende die neu geschaffene Gartenanlage im Nerotal: Insgesamt 6000 Pflanzen habe man damals auf dem Grünzug zwischen Taunusstraße und Nerobergbahn eingesetzt, darunter auch viele ältere Bäume aus städtischen Grünanlagen, wie man es auf der Informationstafel am Parkeingang erfahren kann. Zwischen 1897 und 1898 war das von einem Bachlauf durchflossene Wiesental in einen englischen Landschaftsgarten mit einer besonders artenreichen Vegetation umgestaltet worden. Und auch heute noch präsentiert die historische Parkanlage, die von prächtigen Gründerzeitvillen gerahmt wird, einen außerordentlich vielfältigen Bestand an Bäumen und Sträuchern. In dieser malerischen Grünanlage am Übergang von der Stadt- in die Naturlandschaft finden sich mehrere historische Denkmäler und Bauwerke, darunter ein Schweizer Haus neben dem früheren Hotel »Kurhaus Bad Nerotal«, dem heutigen Thalhaus. Sehenswert sind außerdem die Brücken über den romantisch angelegten Schwarzbach mit ihrem kunstvoll gestalteten Geländer im Jugendstil. Ein besonderes Highlight ist darüber hinaus die moderne Kunst im Park aus dem Wiesbadener Kunstsommer 2010, die viele Blicke auf sich zieht. Da steht unter anderem eine gelbe Parkbank von Made, scheinbar durchwachsen von einem Baum, die als »Kommunikationsraum« bezeichnet wird. Nur wenige Meter entfernt erscheint ein Reh im Teich, das mit seinen fünf Beinen auf der Wasseroberfläche steht und trinkt: »Die Verweildauer von Augenblicken sollte nicht eingeschränkt werden«, so lautet der Titel der Tierskulptur von Michael von Brentano, die in dieser besonders surrealen Situation den Spaziergänger zur näheren Betrachtung auffordert.

Nerotal, 65193 Wiesbaden
www.wiesbaden.de

29 Schlosspark Biebrich Wiesbaden

Weithin sichtbar erhebt sich unmittelbar am Rheinufer die ehemalige Residenz der Fürsten und späteren Herzöge von Nassau: Eines der herausragenden Barockschlösser am Rhein, das in der ersten Hälfte des 18. Jahrhunderts erbaut worden war. Daran schließt sich der weitläufige Schlosspark an, der sich aus einem barocken Garten entwickelte. Von dieser ehemals geometrischen Anlage zeugen heute nicht nur die Wasserbecken und die große Fontäne, sondern auch die zwei Kastanienalleen und die »Dicke Allee« in der Hauptachse, die in die Umgestaltung des Parks 1817 miteinbezogen wurden. Es war der berühmte Gartenkünstler Friedrich Ludwig von Sckell, der den Biebricher Park damals in einen natürlich gestalteten englischen Landschaftspark verwandelte. Typisch für seine Gartenkunst sind weite Wiesenräume gesäumt von stimmungsvollen Baumgruppen, die den Blick in die Ferne lenken, ebenso wie die umlaufenden Wege, die dem Spaziergänger immer wieder neue Ein- und Durchblicke in die Natur eröffnen. Am hinteren Parkende schuf er darüber hinaus eine besonders romantische Szenerie: Um die mittelalterliche Mosburg, die 1805 zur neugotischen Burg ausgebaut worden war, ließ Sckell einen malerischen Teich anlegen, den Mosburgweiher, der dem Betrachter vom Ufer aus viele malerische Ansichten der sich im Wasser spiegelnden Burgruine bietet.

Am Schlosspark, 65203 Wiesbaden
www.schloesser-hessen.de

30 Kelten-Park Hattersheim

Die jahrtausendealte Geschichte des Ortes gab der Parkanlage nicht nur den Namen, sondern wirkte auch auf ihre Gestaltung ein: Kelten-Park heißt der Spielpark im Wohngebiet zwischen Leonhardstraße und Dürerstraße, der an eine überregional bedeutende Fundstätte erinnert. Denn hier wurde vor vielen Jahren ein keltisches Gräberfeld aus der jüngeren Eisenzeit entdeckt. Zutage kamen bei den Ausgrabungen über 50 Gräber mit Beigaben, die den Wissenschaftlern wichtige neue Erkenntnisse über die rätselhafte Kultur lieferten. Davon ist heute zwar nichts mehr im Spielpark zu sehen, dafür kann man sich aber auf den Schautafeln über die Geschichte des Ortes und seine Neuanlage informieren. Eröffnet wurde der Kelten-Park 2009 mit einer abwechslungsreichen Spiel- und Sportlandschaft weitgehend aus natürlichen Materialien wie Holz und Stein, in der das Thema »Kelten« immer wieder vielfach spielerisch auftaucht. So verweisen die begrünten Wälle an den Eingängen auf die früheren Befestigungsanlagen der keltischen Orte, während in der Parkmitte rund um den Platz mit Turmrutsche und Hängebrücke ein Baumkreis mit 16 Bäumen wächst, der hier sinnbildlich für den keltischen Jahreskalender steht. Immer wieder trifft man auf dem Weg durch den langgestreckten Park neben Rutschen und Schaukeln oder Sandspiel- und Sportplätzen auch auf keltische Symbole und Zeichen, wie sie auf den Sitz- und Balanciersteinen oder den Stelen zu finden sind. Es ist eine besondere Spielstätte für Kinder mit Fitnessgeräten für Erwachsene, in der man einiges über die spannende Vergangenheit und Geschichte des Ortes erfahren kann.

Weingartenstraße 67A, 65795 Hattersheim
www.hattersheim.de

31 Nassauer Hofgarten Hattersheim

Etwas versteckt, hinter alten Mauern, liegt mitten in der Stadt eine kleine Gartenidylle. Sie wirkt auf den ersten Blick überraschend auf die Besucher, wie ein geheimer verwunschener Ort, der nur über eine Tür im Innenhof des Nassauer Hofs betreten werden kann. Bei dieser Hofanlage handelt es sich ursprünglich um einen über 200 Jahre alten Gasthof, einstmals gelegen an der alten Handelsstraße gegenüber der Poststation, in dem früher zahlreiche Reisende verkehrten. Als der Hof später in den Besitz der Familie Schlocker kam und zu einem großen Gutshof umgebaut wurde, schuf man um 1880 auch einen bürgerlichen Hofgarten mit Zier- und Nutzpflanzen.

Wer heute in die wiederhergestellte Grünanlage kommt, kann das historische Gartenkleinod auf den alten geradlinigen Wegen erkunden: Umschlossen an drei Seiten von Mauern breiten sich auf der 1200 Quadratmeter großen Fläche rechteckige Rasenflächen aus, die von blühenden Blumen umwachsen und von niedrigen Buchsbaumhecken eingefasst sind. Es ist ein lauschiger Rückzugsort mit einzelnen alten Bäumen und einer neuen Bepflanzung mit Obstbäumen und Sträuchern, mit Spalierobst und Weinranken an den Mauerwänden. An der Schmalseite des Hofgartens steht vor der Bruchsteinmauer ein altes Gartenhäuschen, in dem um 1900 die Karbidvorräte und Lampen für die Beleuchtung des Gutshofes lagerten. Heute dient das Backsteinhaus dem Hattersheimer Geschichtsverein als Ausstellungsraum für seine Sammlung historischer Grenzsteine.

Im Nassauer Hof 1-3, 65795 Hattersheim
www.hattersheim.de

32 Rosarium Hattersheim

Sechseinhalb Meter hoch erhebt sich die Rosenpyramide am Garteneingang, die rundum mit rot blühenden Kletterrosen bewachsen wird. Sie steht im Zentrum des Rosengartens, der 1997 als erstes Projekt des Regionalparks RheinMain in einem besonderen Bezug zu seinem Ort angelegt wurde. Denn er erinnert an die mehr als hundertjährige Tradition von Hattersheim als Rosenstadt. So gab es hier seit dem späten 19. Jahrhundert mehrere Gärtnereien, die sich dem Rosenanbau widmeten. Vor allem Schnittblumen wurden über den Frankfurter Großmarkt in alle Welt geliefert. Wie man auf der Internetseite des Regionalparks erfahren kann, bauten die Hattersheimer in den 1970er Jahren auf einer Fläche von 75 Fußballfeldern die Königin der Blumen an. An diese Rosengeschichte erinnert heute das Rosarium, das in den Feldern zwischen dem Okrifteler Friedhof und der Wasserwerkchaussee liegt. Über 6500 Pflanzen in mehr als 100 Sorten wachsen dort in verschiedenen Bereichen und Zonen, sie entfalten ihre vielfältige Pracht in den Beeten, an den tunnelförmigen Bögen oder der Pyramide. Zu bewundern sind unter anderem Kleinstrauch- und Beetrosen, Hochstamm- und Kletterrosen, Historische Rosen, Edelrosen oder sogar Wasserrosen in den schilfbewachsenen Wasserbecken in der Gartenmitte. Unter den vielfarbig blühenden und duftenden Arten finden sich auch Hattersheimer und neue Züchtungen, darunter eine pinkfarbene Kartoffelrose, die seit 2000 den Namen »Rosarium Hattersheim« trägt. Reich bepflanzt ist der Garten auch mit anderen Blumen, Gräsern und Sträuchern, mit Gewürz- und Duftpflanzen, wie dem üppig blühenden und intensiv duftenden Lavendel, der die Rosenpyramide am Eingang umgibt.

Wasserwerkchaussee, 65795 Hattersheim
www.hattersheim.de
www.regionalpark-rheinmain.de

33 Ziegeleipark Kriftel

Vier monumentale Ziegelsteine ragen wie Skulpturen aus dem Boden und weisen in das Parkinnere. Einige Meter weiter erheben sich am nächsten Parkzugang hohe Wände aus Drahtkörben, gefüllt mit Ziegelsteinen, die historische Fotografien der Ziegel-Produktion zeigen. Demgegenüber steht auf der anderen Parkseite eine monumentale Ziegelsteinmauer mit Tor in Richtung Zeilsheim. Bereits an den Eingängen zum »Ziegeleipark« erinnert die Gestaltung an die Geschichte des Ortes, an seine Vergangenheit, die hier beziehungsreich vergegenwärtigt wird. Wie schon der Name besagt, befand sich am Stadtrand von Kriftel ab 1905 eine Ziegelei, deren Betrieb Mitte der Sechzigerjahre wieder eingestellt wurde. Auf dem Gelände der ehemaligen Tongrube, die zwischenzeitlich als Deponie genutzt wurde, entstand 2005 eine hügelige Parklandschaft, die heute zum Regionalpark RheinMain gehört. Weithin offen ist die Grünanlage, durch die man hier wandeln kann, vorbei an Bäumen, Büschen und Beeten mit Stauden, Gräsern oder Rosen, an Hecken und durch Bögen aus Hainbuchen hindurch hin zu berankten Lauben oder einem Aussichtspavillon mit viel Platz zum Ausruhen. Beim Rundgang durch den Park, der immer wieder einen weiten Ausblick auf den Taunus und nach Frankfurt bietet, gibt es auf Schritt und Tritt etwas zu sehen und zu erleben: Neben einem Spielplatz und einem Irrgarten aus Hainbuchenhecken findet sich im Park auch die Skulptur »Trio« des Krifteler Künstlers Rocco Barone: Drei hoch aufragende Holztürme, die hier als ein Sinnbild der Gemeinschaft und Zeichen der Völkerverständigung stehen.

Ziegeleiweg, 65830 Kriftel
www.kriftel.de

34 Bergpark Villa Anna Eppstein

Malerisch verwunschen erscheint die Anlage am steil abfallenden Hang des Jähenbergs, die dem Betrachter viele verschiedene Perspektiven eröffnet. Im späten 19. Jahrhundert war der Bergpark Villa Anna vom Frankfurter Gartenarchitekten Andreas Weber gleichsam wie ein begehbares Landschaftsgemälde angelegt worden, das den Besuchern – je nach Standort – immer wieder neue An- und Aussichten bot. Es war um die Jahrhundertwende, als der Frankfurter Kaufmann Alfred von Neufville am Rande von Eppstein seine Sommerresidenz errichten ließ. Auf dem Gelände oberhalb des Bahnhofs entstand um 1890 die nach seiner Frau benannte Villa Anna, ein Backsteinbau auf hohem Sockelgeschoss mit Zierfachwerk und Erkertürmchen, der von einem Landschaftsgarten mit vielen heimischen und exotischen Bäumen umgeben wurde. Neben einem Kutscherhaus, einem Tauben- und Gartenhaus kann man in dieser alpin wirkenden Landschaft heute noch ein charakteristisches Schweizerhaus entdecken. Außerdem gibt es hoch oben auch einen gotisierenden Turmbau, den so genannten Neufvilleturm mit Bergfried und Saalbau, der 1894 im Hinblick auf die gegenüberliegende Burg entstanden ist.

Auf einem 2,5 Kilometer langen Fußweg können Spaziergänger den reich bewachsenen Bergpark mit seinem alten Baumbestand erkunden, der sie von einem Aussichtspunkt zum anderen, von einer Sehenswürdigkeit zur nächsten führt. Geöffnet ist die denkmalgeschützte Parkanlage feiertags und an den Wochenenden, wie man auf der Informationstafel des Verschönerungsvereins am Eingang erfährt, die auch darauf hinweist, dass die Bauten von innen nicht besichtigt werden können.

Theodor-Fliedner-Weg 5, 65817 Eppstein
www.vve-eppstein.de

35 Arboretum Schwalbach

Eine Waldlandschaft der besonderen Art breitet sich zwischen Schwalbach, Sulzbach und Eschborn auf einer Fläche von 76 Hektar aus: Sie setzt sich aus vielen kleinen Wäldern zusammen, die aus verschiedenen Regionen unserer Erde stammen. Wer sich ins Arboretum Main-Taunus begibt, macht sich auf eine große Reise in die Welt der Bäume und Sträucher, die in den Westen und Osten Nordamerikas, nach Asien und Europa, Kleinasien und den Kaukasus führt. Mehr als 600 verschiedene Arten von Bäumen und Sträuchern aus den gemäßigten Zonen der Nordhalbkugel sind auf dem weitläufigen Areal zu entdecken. Gepflanzt wurden sie vor rund 40 Jahren auf dem Gelände eines ehemaligen Militärflugplatzes in natürlichen Gemeinschaften, das heißt, sie wachsen und entwickeln sich in so genannten Waldgesellschaften angefangen von den Kiefern- und Tannenwäldern Kaliforniens bis hin zu den osteuropäischen Nadelwäldern Osteuropas. Zu sehen ist eine große Sammlung verschiedener Waldbilder, gleichsam ein Museum der Bäume, das den Parkbesuchern die Vielfalt der Arten, die Schätze und den Reichtum der zu schützenden Natur vor Augen führt. Darüber hinaus gibt es neben herausragenden Einzelbäumen auch mehrere Sonderflächen, zu denen unter anderem die Streuobstwiesen, Sukzessionsflächen und ein Feuchtbiotop gehören. Auf mehreren Wegen kann man diese außergewöhnliche Parklandschaft zu Fuß, mit dem Rad oder auf dem Pferd erkunden. Und dabei immer wieder im Wandel der Jahreszeiten etwas Neues und Interessantes entdecken, wie beispielsweise die hoch aufwachsende Strauchart aus dem östlichen Nordamerika, der Scharlach-Sumach, der jedes Jahr im Herbst in intensiv leuchtenden Orange- bis Rottönen erstrahlt.

Am Weißen Stein, 65824 Schwalbach
www.hessen-forst.de/arboretum

36 Grüne Achse Westerbach Eschborn

Vom Skulpturenpark erstreckt sich die Grüne Achse Westerbach bis zum Mühlenweiher und der Alten Mühle. Der Weg dorthin führt durch eine weitläufige Wiesen- und Parklandschaft entlang des Westerbachs zu Orten der Ruhe ebenso wie zu abwechslungsreichen Sport- und Spielplätzen vom Traktorspielplatz bis zum Abenteuerspielplatz. Außerdem gibt es hier, im Freizeitpark Oberwiesen, immer wieder auch herausragende Werke der internationalen Bildhauerkunst zu entdecken, die in einem spannungsreichen Dialog mit der Natur erscheinen. Sie sind Teil der Eschborner Skulpturenachse, die durch das gesamte Stadtgebiet verläuft. Dazu gehört vor allem auch ein seltsamer Vogel am Ufer des Oberen Mühlenweihers: Vier Meter hoch ist die Tierskulptur von Kenny Hunter, die an dieser Stelle vollkommen überraschend in Erscheinung tritt. Ein dunkler Vogel mit leuchtend rotem Schnabel, der nicht nur wegen seiner überdimensionalen Größe alle Blicke auf sich zieht. Denn es handelt sich dabei um einen schwarzen Schwan, auch Trauerschwan genannt, der von alters her eine besondere Bedeutung hat: Vor vielen Jahrhunderten, als man in Europa noch glaubte, dass es keine schwarzen Schwäne gibt, war der »Black Swan« in der englischen Sprache ein Ausdruck für etwas Unmögliches. Doch dann, nach seiner Entdeckung im 17. Jahrhundert, wurde der Begriff zu einer Metapher für ein unerwartetes, höchst unwahrscheinliches, aber mögliches Ereignis von großer Tragweite. Mit seinem zeichenhaften Werk voller Symbolik spielt der schottische Bildhauer auf diesen Hintergrund, auf diese Zusammenhänge an. Mehr noch: Er führt uns in der Begegnung mit seinem Riesenschwan ein »Black Swan Event« unmittelbar vor Augen.

Freizeitpark Oberwiesen, 65760 Eschborn
www.eschborn.de

37 Skulpturenpark Eschborn

Was verbindet die beiden rätselhaften Figuren von Hanneke Beaumont, die sich mit Abstand an einem Tisch gegenübersitzen? Wer oder was steht im Zentrum einer Gruppe von sieben Gestalten, geschaffen von Stephan Guber, die zusammen einen offenen Kreis bilden? Und warum lauern die drei Affen von Laura Ford scheinbar ruhig wartend auf der Mauer hinter den Ruhebänken? Diese und viele andere Fragen stellen sich den Besuchern bei ihrem Gang durch den Skulpturenpark, der zeitgenössische Kunstwerke in der Natur präsentiert. Und dies das ganze Jahr über im Wechsel der Jahreszeiten mal mit Blick auf den Taunus, dann wieder vor der Silhouette der Frankfurter Skyline. Ausgestellt sind in diesem »Museum« unter freiem Himmel die Arbeiten internationaler Bildhauerinnen und Bildhauer, darunter auch Werke von Dietrich Klinge, Thomas Reifferscheid, dem Künstlerpaar Livia Kubach und Michael Kropp oder Axel Anklam, die viele verschiedene künstlerische Positionen aufzeigen. Dabei eröffnen sie dem Betrachter je nach Standort immer wieder neue Sichtweisen und bieten ihm im Dialog mit der Natur viel Raum für andere und eigene Wahrnehmungen. Seit dem Jahre 2010 gibt es den Skulpturenpark Niederhöchstadt, der mit der Eschborner Skulpturenachse in Verbindung steht. Mit seiner dauerhaften Schau bildet er einen beliebten Ausgangspunkt für Spaziergänge durch die »Grüne Achse Westerbach«, in deren Verlauf es weitere Kunstwerke zu entdecken gibt.

Steinbacher Straße, 65760 Eschborn
www.eschborn.de

38 Alter Kurpark Bad Soden

Schon der Name sagt vieles über den Ort aus: Denn Bad Soden ist von alters her eine an sprudelnden Quellen reiche Stadt. Lange Zeit nutzte man diese vor allem zur Salzgewinnung, bis dann um 1701 ein zunächst noch bescheidener Kurbetrieb im kleinen Taunusort startete. Dieser erlebte unter nassauischer Regierung einen großen Aufschwung, er entwickelte sich im Laufe des 19. Jahrhunderts zu einem beliebten Kur- und Badeort, in dem zahlreiche Kurgäste, darunter so berühmte Persönlichkeiten, wie der Komponist Felix Mendelssohn Bartholdy oder der Schriftsteller Leo Tolstoi, verkehrten. Große Kuranlagen, Hotels, Pensionen und Villen wurden errichtet und weitläufige Parklandschaften rund um die heilsamen Quellen angelegt. Zuerst entstand ab 1820 auf dem Gelände der ehemaligen Saline der heute so genannte »Alte Kurpark«: Ein Landschaftspark mit seltenen alten Bäumen und Sträuchern, mit Bachlauf und Schmuckbeeten, der im Laufe der Zeit vielfach umgestaltet und erweitert wurde. Neben den Brunnenanlagen existieren heute noch mehrere historische Parkbauten, darunter das Paulinenschlösschen oder der Musikpavillon, die an die Blütezeiten des Sodener Kurlebens erinnern. So auch und vor allem das alte Badehaus von 1871, ein Prachtbau in spätklassizistischen Formen, der sich an zentraler Stelle unterhalb des Burgbergs erhebt. Hier, in dem repräsentativen Gebäude mit seinem erhöhten Mittelrisalit und den sich anschließenden Flügelbauten, fanden damals die verschiedenen Badekuren und Therapien statt. Seit 1998 beherbergt das denkmalgeschützte Gebäude, das zum Kulturzentrum umgebaut worden war, die Stadtbücherei, das Stadtmuseum und Stadtarchiv sowie die Stadtgalerie und das KunstKabinett.

Königsteiner Straße 86, 65812 Bad Soden am Taunus
www.bad-soden.de

39 Neuer Kurpark Bad Soden

Neben dem Alten Kurpark entstand in den Zeiten des wiederauflebenden Kurlebens seit den 1960er Jahren der Neue Kurpark, der sich auf einer Fläche von 44.000 Quadratmetern im neuen Kurviertel zwischen Eichwald und Salinenstraße erstreckt. Angelegt wurde eine weiträumige Grünfläche mit großer Liege- und Spielwiese, Spielplatz und zwei hoch aufsprudelnden Brunnenanlagen, auf der zahlreiche markante und seltene Baumarten wachsen: Vom Feuerahorn und Trompetenbaum reicht das Spektrum der angepflanzten Arten über Coloradotannen bis hin zu Mammutbäumen und Libanonzedern. Am Parkrand erhebt sich darüber hinaus weithin sichtbar die katholische Kirche St. Katharina, ein moderner Sakralbau mit Glockenturm, der in den Fünfzigerjahren errichtet wurde.

Salinenstraße, 65812 Bad Soden am Taunus
www.bad-soden.de

40 Quellenpark Bad Soden

»Zum Quellenpark« heißt die Straße, die die Besucher vom Alten Kurpark an der Königsteiner Straße zum zweitältesten Park der Stadt führt: Es handelt sich dabei um den Quellenpark im alten Ortskern, der ab 1856 von Karl Friedrich Thelemann gestaltet und später mehrfach erweitert wurde. Darin erhebt sich das um 1886 geschaffene Wahrzeichen von Bad Soden: Die Stadtgöttin »Sodenia« mit langem Gewand bekleidet, einer Mauerkrone mit Zinnen auf dem Haupt und einem Schild mit Stadtwappen an ihrer Seite. Sie steht heute in wiederhergestellter Farbigkeit inmitten ihres Tempels und wacht über die salzhaltige Solquelle, die schon »1567 vom Rat der Stadt Frankfurt geprüft und zur Salzgewinnung benutzt« wurde, wie man auf der Tafel am Brunnen lesen kann. Von hier aus fällt der Blick nicht nur auf die ehemalige Trinkhalle mit riesiger Glasfassade, die Mitte der Fünfzigerjahre im Stil der Nachkriegsmoderne an der Stelle der alten hölzernen Kur- und Wandelhalle erbaut worden war. Zu sehen ist von hier aus auch das Hundertwasserhaus, bekrönt von goldenen Kugeln, mit bunten Säulen ausgestattet und farbigen Mosaikbändern geschmückt: Wie ein Märchenschloss wirkt der Bau mit seiner fantastischen, farbenprächtigen Architektur, der sich im Grünen zwischen dem Quellen- und Wilhelmspark erhebt. Nach den Entwürfen des österreichischen Künstlers Friedensreich Hundertwasser entstand der Gebäudekomplex in den Neunzigerjahren, in den auch das erste Sodener Kurhaus von 1722 miteinbezogen ist. Geschaffen wurde ein Wohnhaus mit unterschiedlichen Wohnungen auf mehreren Ebenen mit begrünten Dächern und Terrassen, das eng mit der sich wandelnden Natur verbunden, gleichsam mit ihr verwachsen ist.

Zum Quellenpark, 65812 Bad Soden
www.bad-soden.de

41 Kurpark Königstein

Eine malerisch gelegene Parklandschaft, reich an wechselvollen Partien, mit weiten Wiesenflächen, alten Bäumen, prächtigen Büschen und Blumen, durchzogen von geschwungenen Wegen, die zu lauschigen Ruhe- oder Aussichtsplätzen und erlebnisreichen Spiel- und Sportstätten führen: Dies alles und noch viel mehr erwartet die Besucher im Königsteiner Kurpark, der sich ausgehend vom Kurhaus Villa Borgnis in Richtung Luxemburger Schloss begibt. Zu erleben ist ein historisch gewachsener Park mit malerischem Ausblick auf den Burgberg oder eindrucksvoller Fernsicht in die Rhein-Main-Ebene, der auf eine lange Geschichte zurückblicken kann. Sie beginnt spätestens um die Mitte des 19. Jahrhunderts, als sich Königstein zu einem beliebten Villen- und Kurort entwickelte. Es war im Jahre 1838, als der Frankfurter Bankier Matthias Borgnis neben einer Hofreite an der Hauptstraße das angrenzende Parkgelände erwarb, um sich dort Jahre später eine herrschaftliche Sommervilla im Schweizer Stil, umgeben von einem Landschaftsgarten, zu errichten. Für die Gestaltung des Parks engagierte er den bekannten Gartenarchitekten Heinrich Siesmayer, den Schöpfer des Frankfurter Palmengartens und Bad Nauheimer Kurparks, der in Königstein einen englischen Landschaftspark und Blumengarten schuf. Einige Jahrzehnte später, nachdem die Stadt das Borgnis'sche Anwesen übernommen hatte, wurde aus der Gartenvilla das Kurhaus und aus dem Villengarten der Kurpark. Hinzu kamen im Laufe der Zeit weitere Parkbereiche der ehemaligen Villa von Steiger beziehungsweise des Luxemburger Schlosses, die in den Kurpark integriert wurden.

Hauptstraße, 61462 Königstein im Taunus
www.koenigstein.de

42 Victoriapark Kronberg

Alles war auf den Kaiser ausgerichtet, der sich hoch auf seinem Podest erhebt und über die sich vor ihm weit ausbreitende Parklandschaft blickt: So steht er schon seit Generationen da, am Rande des Kronberger Parks, der einst als Umgebung für ihn geschaffen wurde. Es war der 20. August 1902, als das Monument zum Gedenken an Kaiser Friedrich III. eingeweiht und der neue Park der Stadt übergeben wurde. Damals hieß er dementsprechend noch Kaiser-Friedrich-Denkmal-Park, später nannte man ihn Stadtpark. Inzwischen trägt er den Namen der Kaiserin Victoria, die sich nach dem Tode ihres Mannes auf ihrem Witwensitz Schloss Friedrichshof in Kronberg niederließ. Vieles erinnert heute noch an die Anwesenheit der Kaiserin in der Stadt, die ihr einiges zu verdanken hat – darunter auch und vor allem den Kronberger Park, der mit auf ihre Initiative zurückgeht und für den sie einen Teil des Geländes aus ihrem Besitz zur Verfügung stellte. Entstanden ist eine natürlich gestaltete Parkanlage im Stil eines englischen Landschaftsgartens mit weiten Wiesenflächen, reich an heimischen wie auch seltenen Bäumen. Heute wie damals führt ein weitläufiges Wegenetz durch die Grünanlage, die nicht nur von einem Bachlauf durchflossen wird, sondern auch mehrere Teichanlagen besitzt. Um den Schiller- und Bleichweiher herum – und darüber hinaus – gibt es einiges zu entdecken, das noch aus der Anfangszeit des Parks stammt, sich weiterentwickelt hat oder auch neu hinzugekommen ist. Wer genauer hinschaut, kann dabei viel über die Geschichte und Kultur der Stadt, über ihre Vergangenheit und Gegenwart erfahren.

Hainstraße / Bleichstraße / Schillerstraße, 61476 Kronberg im Taunus
www.kronberg.de

43 Stadtpark Oberursel

In einem weiten Wiesental mit Weihern und Wasserläufen breitet er sich westlich der Kernstadt aus: Der Oberurseler Stadtpark, der eine Grünachse zwischen Stadt- und Naturraum ausbildet. Heute finden sich hier drei verschiedene Grünflächen und Parkanlagen in einer Folge, die zum Spaziergehen und Wandern, zu Sport und Spiel, aber auch zu Natur- und Kunstbetrachtungen einladen. Angefangen vom Rushmoor-Park, benannt nach der englischen Partnerstadt, in dem es südlich der Oberhöchstadter Straße viel Kultur in der Natur zu entdecken gibt. Denn rund um den Weiher sind zahlreiche zeitgenössische Skulpturen zu sehen, die fast alle im Rahmen eines der drei Oberurseler Bildhauersymposien entstanden sind. Demgegenüber führt auf der anderen Seite der Oberhöchstadter Straße ein geschwungener Weg durch den Lomonossow-Park, der seit dem Hessentag 2011 den Namen der russischen Partnerstadt trägt. Daran anschließend geht es über die Königsteiner Straße hinweg in den Maasgrund, vorbei am großen Maasgrundweiher und weiter durch die Wiesenlandschaft bis hin zum Stadtwald, in dem sich auch der Oberurseler Schulwald befindet.

Oberhöchstadter Straße / Königsteiner Straße,
 61440 Oberursel (Taunus)
www.oberursel.de

44 Kurpark Bad Homburg

Es war im Jahre 1840, als zwischen dem Homburger Landgrafen und den Brüdern Blanc ein folgenreicher Vertrag abgeschlossen wurde. Darin verpflichteten sich die Spielbankpächter ein Kurhaus zu errichten und einen »öffentlichen englischen Park« anzulegen. Dies war unter anderem auch die Geburtsstunde für den Homburger Kurpark, der allerdings erst einige Jahre später – an den Kurhausgarten anschließend – als Landschaftspark im englischen Stil geschaffen wurde. Und zwar von keinem Geringeren als dem berühmten Gartenarchitekten Peter Joseph Lenné, an den heute noch eine Büste am Parkeingang erinnert. Ab 1854 entstand zunächst das Herzstück des Parks mit großen Wiesenflächen, mit Baum- und Buschgruppen, einem Weiher und dem weitläufig geschwungenen Wegenetz. Schon bald darauf wurde der bereits bestehende Brunnenbezirk mit seinen Heilquellen miteinbezogen und der Park um die Brunnenallee erweitert – wiederum nach Lenné'schem Plan, der von seinen Nachfolgern fortgeführt wurde. Dabei sind auch hier wieder die berühmten Blickachsen des Gartenkünstlers ein wesentliches Element in der Parkgestaltung, die das Landschaftsbild prägen und immer wieder neue Ein- und Ausblicke in die Landschaft und ihre Sehenswürdigkeiten bieten. Eine vielfach gerühmte Grünanlage war im Laufe des 19. und frühen 20. Jahrhunderts entstanden, reich an bedeutenden Brunnenanlagen, Kurbauten und Denkmälern ebenso wie an Spiel- und Sportstätten, die auch heute noch von der jahrhundertelangen Geschichte des einstigen Weltbades zeugen. Dazu gehören unter anderem so exotische Prachtbauten wie die 1914 eingeweihte Thai Sala: Ein reich verzierter, golden glänzender Ruhe- und Meditationspavillon, den der siamesische König Chulalongkorn nach seinem Kuraufenthalt aus Dankbarkeit für seine Genesung der Stadt stiftete.

Kurpark, 61348 Bad Homburg v. d. Höhe
www.bad-homburg.de

45 Landgräfliche Gartenlandschaft Bad Homburg

Vom Schlosspark ausgehend erstreckt sich die »Landgräfliche Gartenlandschaft«, die unter dem Homburger Landgrafen Friedrich V. und seiner Frau Caroline ab 1770 angelegt wurde. Entlang der mit Säulenpappeln bepflanzten Tannenwaldallee, die man später als Elisabethenschneise bis zum Limes verlängerte, reihten sich früher verschiedene Garten- und Parkanlagen aneinander, die in dieser Folge und Form ein einzigartiges Gartenkunstwerk bildeten. Einige dieser Grünanlagen sind inzwischen verschwunden, wie der Englische Garten, der Louis-, Ferdinands- und Philippsgarten. Andere sind heute noch erhalten oder wiederhergestellt worden, wie der Kleine Tannenwald und der Gustavsgarten oder der Große Tannenwald mit dem Lustwald »Die große Tanne«, dem Forst- und Hirschgarten und dem Landschaftspark Elisabethenschneise, die zu den beliebten Ausflugszielen im Taunus gehören. An die ursprüngliche Anlage der Tannenwaldallee als Pappelallee erinnert die Bepflanzung am westlichen Ende der Straße, die zum Gotischen Haus führt.

Tannenwaldallee, 61348 Bad Homburg v. d. Höhe
www.bad-homburg.de

46 Gustavsgarten Bad Homburg

»Accatium« nannten die Landgrafen einst ihr romantisches Gartenreich nach der mit Akazien bepflanzten Allee, der heutigen Kreuzallee, die im 18. Jahrhundert als Verbindung von der Tannenwaldallee zum Kleinen Tannenwald angelegt wurde. Heute trägt die Gartenanlage den Namen ihres früheren Besitzers, des Prinzen und späteren Landgrafen Gustav, der den Park 1822 als Schenkung von seinem älteren Bruder erhielt. Damals entstand ein stimmungsvoller Landschaftsgarten im englischen Stil, und zwar vor allem unter dem Einfluss von Gustavs Ehefrau, Prinzessin Louise von Anhalt-Dessau, die in dem berühmten Dessau-Wörlitzer Gartenreich groß geworden war. In Homburg prägte sie die Anlage des Lustgartens, in dem sie unter anderem einen Dorischen Tempel nach dem Vorbild des Blumenhauses im Dessauer Schlosspark errichten ließ.

Als einziger der ehemaligen »Prinzengärten« der Landgräflichen Gartenlandschaft blieb der Gustavsgarten erhalten und in seiner Anlage fast unverändert bestehen – auch wenn es im Laufe der Zeiten immer wieder einen Nutzungswechsel gab. So erwarb und erweiterte der Frankfurter Bankier Julius Wertheimber im Jahre 1898 den Garten und ließ dort eine prachtvolle Villa errichten. Nach dem Zweiten Weltkrieg wurde das Anwesen jahrzehntelang als Klinik genutzt, bis die Anlage schließlich 2011 in den Besitz der Stadt kam, die sie wiederherstellen ließ und öffentlich zugänglich machte. Seitdem ist der Garten mit seinen weiten Wiesenflächen und dem reichen alten Baumbestand nicht nur ein beliebtes Ziel für Ausflüge ins Grüne, sondern auch ein vielbesuchter Ort der Kultur mit langer Geschichte, der in ausgewählten Sichtachsen darüber hinaus große Werke der Gegenwartskunst zeigt.

Tannenwaldallee 50, 61348 Bad Homburg v. d. Höhe
www.bad-homburg.de

47 Kleiner Tannenwald Bad Homburg

Er gilt als ein Juwel, als das Schmuckstück der Landgräflichen Gartenlandschaft: Der Kleine Tannenwald, einst »unstreitig die schönste Parthie um ganz Homburg«, präsentiert sich auch heute wieder in seiner alten Pracht: Als eine kunstvoll gestaltete romantische Gartenidylle, die die Besucher weit zurück in vergangene Zeiten, in die Welt der Landgrafen entführt. Nachdem es bereits im 17. Jahrhundert ein mit Nadelbäumen bepflanztes »Wäldchen« mit »Teichelchen« gegeben hatte, erfolgte im folgenden Jahrhundert seine Umgestaltung als Rokokogarten im englisch-chinesischen Stil. Es war unter Landgraf Friedrich V. oder vielmehr seiner Frau Caroline, als hier ab 1772 eine Parkanlage mit Eingangsparterre, Teich und einem Boskett angelegt wurde. Eine besondere Attraktion war und ist die weiße Kolonnade, die schon von weitem alle Blicke auf sich zieht. Umpflanzt von Fliederbüschen und Rosen erhebt sich das antik anmutende Monument auf der Insel im Teich, zu dem eine chinesische Brücke hinführt. Nach dem Tod von Caroline übernahm ihre Schwiegertochter, die englische Landgräfin Elizabeth, 1822 den Kleinen Tannenwald, den sie nicht nur mit viel Liebe und Engagement pflegte, sondern auch im Stil der Zeit erneuerte und erweiterte. Dabei verschönerte sie die Gartenanlage mit neuen Pflanzen, verschiedenen Attraktionen und richtete außerdem eine kleine Musterfarm nach englischem Vorbild ein. Errichtet wurde eine »Ornamental Farm«, ein landwirtschaftlich genutztes Anwesen in der Gartenlandschaft, wie sie es aus ihrer englischen Heimat, aus Kew Gardens her kannte. So entstand ein Komplex aus verschiedenen Nutzbauten, zu dem eine Schweizerei und Meierei sowie ein Eiskeller gehörte, in dem die landwirtschaftlichen Erzeugnisse kühl lagerten.

Mariannenweg, 61348 Bad Homburg v. d. Höhe
www.bad-homburg.de / www.kleiner-tannenwald.de

48 Lustwald
   »Die große Tanne«
   Bad Homburg

Am Anfang stand eine mächtige Weißtanne, gepflanzt im Jahre 1669, die der Parkanlage den Namen gab: »Die Große Tanne«, so nannte man den neu gestalteten Waldpark, den sich der Homburger Landgraf Friedrich V. ab 1771 hatte anlegen lassen. Und zwar nach seinen eigenen Vorstellungen – dem damaligen Zeitgeist entsprechend – als ein so genannter Lustwald. Geschaffen wurde in dem Waldstück eine vorromantische Parkanlage mit wechselreichen Partien, durchzogen von Alleen und gewundenen Pfaden, die zu besonderen Attraktionen führten. Dieses poetisch-idyllische Gartenreich war der bevorzugte Rückzugsort des Landgrafen, in dem er sich von den täglichen Geschäften erholen und die Natur genießen konnte: Ein grünes Refugium, das er nach dem mythischen griechischen Tal »Tempé« in einem Gedicht verewigt hat. Auch wenn im Laufe der Zeiten vieles aus der landgräflichen Gartenlandschaft verschwunden ist, so gibt es hier und heute doch noch einiges zu entdecken, das an den kunstsinnigen Parkschöpfer und seine Nachfolger erinnert.

Wer den Waldpark erkunden will, der startet am besten am Ende der Tannenwaldallee, die in ihrer Verlängerung als Elisabethenschneise in den Park führt. Vom Gotischen Haus führen die Wege unter anderem zum Pferdegrab, das an das geliebte Leibpferd des Landgrafen erinnert, oder zum Landgrafendenkmal, einer Nachbildung des Monumentes zu Ehren des Landgrafen, das ihm die Homburger Bürger zum 50. Regierungsjubiläum 1816 gestiftet hatten.

Elisabethenschneise, 61350 Bad Homburg v. d. Höhe
www.bad-homburg.de

49 Forstgarten Bad Homburg

Am Rand des Lustwaldes erstreckt sich die große Buschwiese und darüber hinaus der Forstgarten, der an dieser Stelle von der englischen Landgräfin Elizabeth gestaltet wurde. Sie war es, die hier ab 1821 einen »Pflanzgarten« eingebunden in eine idyllische Parklandschaft anlegen ließ. Und sie war es auch, die am Ufer des Weihers ein Teehäuschen errichten ließ, in das die landgräfliche Familie häufig zum Teetrinken kam. Auch heute steht es wieder an Ort und Stelle da, im ehemaligen Forstgarten, der nach historischem Vorbild wiederhergestellt ist. Neben einer Baumschule gibt es verschiedene Baum- und Pflanzarten zu sehen, darunter auch einzelne botanische Besonderheiten. Denn zur Zeit der Landgräfin wurden hier nicht nur heimische, sondern vor allem auch exotische Pflanzen aus fernen Ländern kultiviert, um sie auch auf ihre Klimaverträglichkeit hin zu testen. Einige der im 19. Jahrhundert gepflanzten Bäume haben sich bis heute erhalten und inzwischen eine stattliche Höhe beziehungsweise Breite erreicht.

Etwas versteckt, im hinteren Teil des Forstgartens, kann man ein besonders eindrucksvolles Exemplar bewundern: Ein seltener und zugleich seltsamer Baum von eigenartigem Wuchs, der heute als Naturdenkmal eingetragen ist. Es ist eine Süntel-Buche, eine besondere Varietät der Rotbuche, die früher einmal im Höhenzug Süntel im Weserbergland verbreitet war. Mit ihrem kurzen Stamm, den verdrehten, verwachsenen Ästen und tiefhängenden Zweigen, die im Sommer ein dichtes Blätterdach ausbilden, wirkt sie nicht nur wie ein Kunstwerk der Natur, sondern viel mehr noch wie ein geheimnisvoller, verwunschener Baum von unheimlicher, magischer Ausstrahlung.

Elisabethenschneise, 61350 Bad Homburg v. d. Höhe
www.bad-homburg.de

50 Hirschgarten Bad Homburg

Auf eine lange Vergangenheit kann der Hirschgarten zurückblicken, der unmittelbar hinter dem Forstgarten beginnt. Bereits im 17. Jahrhundert gab es hier einen Wildpark als Jagdgelände, bis dann im Jahre 1822 der Tiergarten mit Wildgehege, Wildscheuer und Pürschhäuschen entstanden ist. Schon bald – vor allem mit dem Aufstieg der Stadt zum Kurort – wurde der Hirschgarten mit seiner Gastronomie zu einem beliebten Ausflugsziel, das es bis heute geblieben ist. Denn hier kann man die Wildtiere auf dem weitläufigen Wiesengrund, am Bachlauf oder unter Bäumen – oftmals auch ganz aus der Nähe – beobachten.

Elisabethenschneise, 61350 Bad Homburg v. d. Höhe
www.bad-homburg.de

51 Schlosspark Bad Homburg

Es war einmal vor vielen Jahrhunderten eine mittelalterliche Burg mit Burggarten, die so genannte »Hohenburg«, die ab 1679 von Friedrich II. von Hessen-Homburg, dem Landgrafen »mit dem silbernen Bein« in ein barockes Schloss mit Parkanlage verwandelt wurde. Damit beginnt die Geschichte des Homburger Schlossgartens, der sich im Laufe der Zeiten gartenkünstlerisch vielfältig entwickelte. Mehr als drei Jahrhunderte Gartenkultur spiegeln sich heute in der Grünanlage, die sich auf 13 Hektar rund um die ehemalige Landgrafenresidenz erstreckt. Dabei gibt es vieles zu entdecken, das an die Landgrafen von Hessen-Homburg und preußischen Könige und deutschen Kaiser erinnert, die später das Schloss als Sommerresidenz nutzten. So kann man gleichsam auf ihren Spuren durch die jahrhundertealte Parklandschaft wandeln und dort einiges aus der Vergangenheit der früheren Schlossbesitzer wiederfinden: Angefangen vom barocken Obergarten mit den kaiserzeitlichen Teppichbeeten über den natürlich gestalteten englischen Landschaftsgarten bis hin zum Herrschaftlichen Obstgarten und weit darüber hinaus. Es ist eine Zeitreise durch ein stilistisch vielfältiges Gartenreich, die vom Schlosseingang den Berghang hinab und einmal um den großen Teich herumführt. Zu erleben ist eine wechselreiche Gartenlandschaft, die den Besuchern vor dem Hintergrund des hoch aufragenden Schlosses viele verschiedene malerische Perspektiven bietet.

Schloss, 61348 Bad Homburg v. d. Höhe
www.schloesser-hessen.de

52 Rosenhang Karben

Wild romantisch erscheint der Karbener Rosenhang, in dem die »Königin der Blumen« alle Jahre wieder zur Sommerszeit eine überwältigende Blütenpracht entfaltet. Vor allem sind es alte und historische Rosen mit langer Geschichte, aber auch viele Wildrosen, die auf dem Gelände oberhalb der Stadt, gegenüber vom Klein-Karbener Friedhof, wachsen und gedeihen. Vor fast 30 Jahren hatte der passionierte Rosenliebhaber Ralf Berster in eigener Initiative den Rosengarten auf einer Naturwiese angelegt, die sich auf einem ehemaligen Steinbruch entwickelt hatte. Ihm ist es zu verdanken, dass sich die 5000 Quadratmeter große Grünfläche in ein natürlich gewachsenes idyllisches Blumenreich mit über 700 verschiedenen Rosen in vielen Farben, Formen und Düften verwandelt hat. Entstanden ist ein naturhafter »wilder« Rosengarten, reich an Flora und Fauna, durch den man auf mehreren Wiesenwegen wandeln und dabei die vielfältige Blumenpracht genießen kann. Es ist ein wahres Rosenparadies mitten in der Natur, das die Besucher jedes Jahr ab Ende Mai und Anfang Juni erwartet.

Büdesheimer Straße, 61184 Karben
www.rosenhang-karben.de

53 Kurpark Bad Vilbel

Eine mittelalterliche Wasserburg, eine römische Badeanlage neben einem Römerspielplatz und ein kunstvoll gestalteter Brunnenpavillon nach dem anderen: Das sind unter anderem die Attraktionen in der Bad Vilbeler Parkanlage, die sich durch die »Stadt der Quellen« entlang der Nidda erstreckt. Am Anfang steht das denkmalgeschützte Kurhaus mit Kurgarten und Brunnentempel, an das sich der Kurpark mit Teich und großer Wiese, umsäumt von alten Bäumen, anschließt. Hier, in diesem historischen Parkbereich, der bis zur Gedenkstätte mit dem Ehrenmal reicht, gibt es viele Plätze zum Ausruhen und Entspannen, viel Raum zum Umherspazieren und zum Spielen. Besonders beliebt bei den Kindern ist der angrenzende Römerspielplatz mit Wachturm-Rutsche, Pferde-Wippe und Limes-Zaun, auf dem zumeist ein reger Betrieb herrscht. Einige Meter weiter erhebt sich ein gläserner Ausstellungspavillon, der die Besucher zur näheren Betrachtung der bedeutenden römischen Mosaikkunst einlädt. Es handelt sich um ein rekonstruiertes Bodenmosaik mit der Darstellung von Meereswesen im Wasserbecken, das ursprünglich aus einer römischen Villa stammt. Wenn man dem Fuß- und Radweg weiter entlang des Flusses folgt, der an mehreren Brunnenpavillons vorbeiführt, steht man schließlich vor der eindrucksvollen Burgruine mit Wassergraben, in der die Burgfestspiele stattfinden. Zu sehen ist ein besonderer Ort der Vilbeler Geschichte und Kultur, aber auch der modernen Kunst, denn im umliegenden Burgpark gibt es einen Skulpturenpark mit Werken zeitgenössischer Bildhauerkunst. Von hier aus geht es weiter durch die vielfältige Parklandschaft mit weiten Grün- und Erholungsflächen zu verschiedenen Spiel- oder Sportanlagen und darüber hinaus – dem Weg an der Nidda folgend – bis hin zum Römerbrunnen.

Niddastraße / Parkstraße, 61118 Bad Vilbel
www.bad-vilbel.de

54 Alter Flugplatz Frankfurt

Mitten im Landschaftsschutzgebiet liegt im Frankfurter GrünGürtel der »Alte Flugplatz Bonames« direkt an der Nidda, der seit seiner Umgestaltung im frühen 21. Jahrhundert zu einem besonders beliebten Ausflugsort geworden ist. Denn dort, wo einst die Hubschrauber der US-Army starteten und landeten, gibt es heute viel Raum für Spiel und Sport, für das Erleben und Beobachten der Natur, die inzwischen das Gelände rund um den früheren Militärflughafen zurückerobert hat. Ob zu Fuß, auf Inline-Skates, mit dem Rad oder Roller – viele große und kleine Freizeitsportler sind auf dem weitläufigen Rollfeld der ehemaligen Landebahn unterwegs, das als Zeugnis der Vergangenheit weitgehend erhalten ist, während andere Flächen aufgebrochen und die Materialien vielfältig wiederverwendet wurden. Daneben pflanzte man einen Baumhain mit Liegewiese zum Ausruhen oder Picknicken, auf dem verschiedene heimische Gehölze wachsen. Dahinter laden die ehemaligen Flughafengebäude neben dem Tower zum Erkunden oder zum Lernen ein, denn hier finden sich unter anderem ein Bienen- und Feuerwehrmuseum oder auch das grüne Klassenzimmer. Auf der anderen Seite verlaufen die Rundwege durch das Landschaftsschutzgebiet des Frankfurter GrünGürtels entlang des Flusses, über den am Flugplatz eine Brücke, die Robert-Gernhard-Brücke mit dem bronzenen »GrünGürtel-Tier«, führt.

Am Burghof 55, 60437 Frankfurt am Main
www.frankfurt.de

55 Bethmannpark und Chinesischer Garten Frankfurt

Rundum von Mauern und Zäunen umschlossen liegt der Bethmannpark ruhig und friedlich mitten im Trubel der Großstadt: Ein besonderer Ort nicht nur, aber vor allem für Gartenkunstliebhaber, die hier eine große pflanzliche Vielfalt erwartet. Seit dem Jahre 1783 gehörte die Anlage vor den Toren der Stadt der Frankfurter Bankiersfamilie Bethmann, die der jeweiligen Gartenmode entsprechend zunächst einen französischen Garten und dann im Laufe des 19. Jahrhunderts einen englischen Landschaftsgarten mit Weiher anlegen ließ. Nachdem das Gelände im Jahre 1941 in den Besitz der Stadt kam, richtete diese nach dem Zweiten Weltkrieg auch einen Schaugarten ein, von dem bis heute die Pflanzenberatung in der Orangerie geblieben ist. Mit prächtigen Schmuckbeeten, bewachsenen Pergolen, Bäumen und Sträuchern, mit Freischach und Spielplatz ist der Garten heute ein abwechslungsreicher Ort im Grünen, der zur Anschauung, zum Umherwandeln und Verweilen oder Spielen einlädt. Mehr noch: Er bietet darüber hinaus noch einen besonderen Garten im Garten, der den Betrachter in eine andere Kultur, in eine fernöstliche Welt entführt. Durch das von zwei Löwen bewachte Tor gelangt man in den Chinesischen Garten, umgeben von einer weißen Mauer, der 1989 von chinesischen Fachleuten geschaffen wurde. Es ist ein Garten des Friedens voller Harmonien mit einer reichen Vegetation, verschiedenen Pavillons und Brücken über einen jaspisgrünen Teich mit Lotusfels. »Ein friedlicher Platz zum Ausruhen«, so heißt es auch in einer Kalligrafie auf der Tafel am Wasserpavillon über diesen Ort der Stille und Einkehr, der die Besucher von nah und fern anzieht.

Friedberger Landstraße / Mauerweg, 60316 Frankfurt am Main
www.frankfurt.de

56 Bolongarogarten Frankfurt

Von Stresa am Lago Maggiore über Frankfurt nach Höchst an den Main: Es war in den Siebzigerjahren des 18. Jahrhunderts, als sich die italienische Kaufmannsfamilie Bolongaro nur wenige Meter vom Flussufer entfernt einen prächtigen Palast errichten ließ. Geschaffen wurde eine spätbarocke Dreiflügelanlage mit kunstvoll gestaltetem Garten, der sich an der Südseite zum Flusslauf hin öffnet. Heute wie damals erstreckt sich die Grünanlage über zwei Terrassen mit geschwungenem Treppenbau, die einen weiten Ausblick über den Zusammenfluss von Main und Nidda bieten. Zu entdecken ist hier ein Kleinod barocker Gartenkunst, kunstvoll in geometrischen Formen bepflanzt und reich ausgestattet mit Gartenarchitekturen und Skulpturen im Stil der Zeit. Auf der oberen Terrasse bildet ein Tritonbrunnen das Zentrum der Gestaltung, der im neobarocken Stil 1909 vom Frankfurter Bildhauer Josef Keller gefertigt wurde. Sehenswert sind darüber hinaus die Sandsteinfiguren, die neben den Sphingen am Treppenabgang eine Reihe türkischer Musikanten auf Sockeln zeigen. Einen Stock tiefer, auf der unteren Etage, die von zwei Gartenpavillons gerahmt wird, findet sich eine Muschelgrotte mit wasserspeiendem Drachen. Dieses einzigartige Ensemble aus Architektur und Garten erlebte im Laufe der Zeit eine bewegte Geschichte. So diente der Palast 1813 zunächst dem französischen Kaiser Napoleon und dann dem preußischen Marschall Blücher als Unterkunft. Seit 1908 gehört die Palastanlage der Stadt und wird unter anderem als Rathaus genutzt.

Seilerbahn, 65929 Frankfurt am Main
www.frankfurt.de

57 Botanischer Garten Frankfurt

Ein schattiger Buchenmischwald neben feuchter Wiese und einer Teichanlage, dahinter der sonnige Kalkhang neben mediterranen und ostasiatischen Pflanzen. Schon am Garteneingang breitet sich ein vielfältiges Pflanzenreich aus, das zu einer spannenden Reise in die Welt der Botanik einlädt. Über 5000 Arten von Freilandpflanzen aus verschiedenen Teilen der Erde wachsen im Frankfurter Botanischen Garten, die in verschiedenen Bereichen kultiviert werden. Dabei liegt der Schwerpunkt vor allem auf der heimischen Flora Mitteleuropas, die in natürlichen Pflanzengemeinschaften gezeigt wird. Zu sehen sind außerdem Pflanzen aus dem nordamerikanischen, mediterranen und ostasiatischen Raum. Darüber hinaus gibt es mehrere Sammlungen und Kulturen zu besichtigen, zu denen unter anderem auch die bedrohten Arten gehören. Besonders interessant ist auch der Senckenbergische Arzneipflanzengarten mit seinen über 140 Heilpflanzen auf 13 Beeten, der an die Anfänge des Botanischen Gartens vor mehr als 250 Jahren erinnert. Damals schuf die Stiftung von Dr. Johann Christian Senckenberg einen medizinischen Garten am Eschenheimer Turm, aus dem der Botanische Garten hervorgegangen ist. Wegen Platzmangels musste er im Laufe der Zeit mehrmals umziehen, bis er an seinen heutigen Standort zwischen Palmengarten und Grüneburgpark kam. Von Anfang an diente der Garten vor allem der Forschung und Lehre, lange Zeit gehörte er als naturwissenschaftlicher Schau- und Lehrgarten zur Johann Wolfgang Goethe-Universität, bis er schließlich 2012 dem städtischen Palmengarten angegliedert wurde.

Siesmayerstraße 72, 60323 Frankfurt am Main
www.frankfurt.de

58 Brentanopark Frankfurt

»Die schönsten Blumen überall, schöne, große Baumgruppen, dunkle, lange Lauben, Spaziergänge aller Art«, so beschrieb Ludwig Grimm in seinen Erinnerungen den Rödelheimer Park seines Freundes Georg Brentano, in dem es unter anderem auch »Treibhäuser, Fasanerie, Badhaus, eine Menge Gartenhäuser in Schweizer und Tiroler Bauart«* gab. Im Jahre 1808 hatte der Bruder von Clemens Brentano und Bettina von Arnim ein an der Nidda gelegenes Landhaus und einen Garten erworben, den er kontinuierlich erweiterte und in einen englischen Landschaftspark mit wechselreichen Ausblicken verwandelte. Damals entstand eine romantische Gartenanlage mit exotischen Baumgruppen und zahlreichen Parkarchitekturen, von denen sich heute noch der Badetempel und das bekannte Petrihaus erhalten haben. Dieses pittoreske Gartenhaus am anderen Ufer der Nidda hatte der Frankfurter Kaufmann und Bankier 1819 vom Bäckermeister Petri erworben und im damals modernen Stil eines Schweizer Hauses zu seinem persönlichen Rückzugsort umgestalten lassen. Unmittelbar daneben steht heute noch ein mächtiger Ginkgo-Baum aus dem 18. Jahrhundert, der – wie vielfach vermutet wird – Johann Wolfgang von Goethe zu seinem Gedicht »Ginkgo biloba« angeregt haben soll.

Als die Parkanlage 1926 in den Besitz der Stadt kam, wurde aus dem privaten Garten ein öffentlicher Bürgerpark mit Spielplatz und angrenzendem Freibad, dem Brentanobad. Im verbleibenden Parkbereich erbaute man 1931 zu Schulzwecken einen Pavillon im Bauhausstil mit radial angelegtem Rosengarten, den man auch heute noch in der historischen Parklandschaft mit ihren markanten alten Bäumen besichtigen kann.

Rödelheimer Parkweg, 60489 Frankfurt am Main
www.frankfurt.de

* Ludwig Emil Grimm, Erinnerungen aus meinem Leben, hrsg. v. Adolf Stoll, Leipzig 1911, S. 322.

59 Grüneburgpark Frankfurt

Von Anfang an rühmte man die Anlage auf der Anhöhe mit weitem Blick über die Stadt und das Gebirge. Und auch heute noch gehört der Park zu den beliebtesten und viel bewunderten Frankfurter Grünanlagen. Umgeben vom Botanischen Garten auf der einen und dem Poelzig-Park auf der anderen liegt der weitläufige Grüneburgpark, der auf eine lange Vergangenheit zurückblicken kann: Man schrieb das Jahr 1789, als die Familie Bethmann-Metzler einen Gutshof vor der Stadt erwarb, den sie »Zur Grünen Burg« nannte. Nachdem das Anwesen 1837 in den Besitz der Familie Rothschild gekommen war, entstand einige Jahre später das »Neue Palais« mit umliegender Parkanlage, die im Laufe der Zeit mehrfach erweitert und im damaligen Landschaftsstil gestaltet wurde. Fast hundert Jahre blieb das Anwesen im Besitz der Rotschilds, dann wurde die Familie 1935 zum Verkauf an die Stadt gezwungen, die den Park später öffentlich zugänglich machte.

Vom Landgut zum Volkspark reicht die wechselvolle Geschichte des Grüneburgparks, der sich mit seinen weiten Wiesenflächen, den hohen alten Baumgruppen und mehreren Spielplätzen zu einer von Groß und Klein vielbesuchten Grünanlage entwickelt hat. An der Stelle des ehemaligen Rothschild-Palais findet sich heute ein rechteckiges Rosenbeet und die Gedenkstele des Bildhauers Hans Steinbrenner, die an die bewegte Historie des Ortes erinnert. Demgegenüber erhebt sich auf der großen Wiese das Park-Café, ein Eckpavillon aus dem 19. Jahrhundert, der 1964 vom Bockenheimer Schönhof hierher versetzt wurde. Im östlichen Parkbereich steht auf den Fundamenten der früheren Orangerie die griechisch-orthodoxe Kirche, während sich am Parkrand der Koreanische Garten befindet.

Grüneburgweg, 60323 Frankfurt am Main
www.frankfurt.de

60 Günthersburgpark Frankfurt

Wenn man durch das monumentale Eingangstor an der Wetteraustraße in den Park tritt, fühlt man sich gleich wie in einer anderen Welt. Soeben noch mitten im städtischen Treiben, findet man sich wieder in einer weiten Parklandschaft unter hohen Bäumen mit großen Wiesenräumen. Vor allem bei gutem Wetter haben sich viele auf den Weg in diese grüne Oase gemacht: Man sieht Spaziergänger und Jogger, Ruhesuchende auf Parkbänken und Liegewiesen, Familien oder Freunde beim Picknick. Und vor allem immer wieder Kinder beim Spielen auf den Spiel- und Sportplätzen, auf dem Abenteuerspielplatz oder dem spektakulären Wasserspielplatz mit seiner Wasserrutsche und den wasserspeienden Figuren, der im Sommer eine große Attraktion ist. Bei diesem kinderfreundlichen Park handelt es sich um eine Gartenanlage mit bewegter Geschichte. Sie reicht bis ins späte 17. Jahrhundert zurück, als der Gastwirt Jakob Günther an dieser Stelle die mittelalterliche Bornburg erwarb. 1837 kam das Anwesen in den Besitz der Familie Rothschild, die später ein Palais errichten und einen Landschaftsgarten anlegen ließ. Nach dem Tode von Carl Mayer von Rothschild kaufte die Stadt 1889 das Gelände und schuf einen öffentlichen Volkspark. Erhalten hat sich von der ehemaligen Sommerresidenz nur die Orangerie, die nach ihrer Zerstörung im Zweiten Weltkrieg wiederaufgebaut wurde. Außerdem gibt es eine Reihe von eindrucksvollen alten Bäumen, darunter einige seltene Exemplare, die hier wie Zeitzeugen der Vergangenheit erscheinen. Ebenfalls sehenswert sind zwei Skulpturen aus der Zeit des späten 19. und frühen 20. Jahrhunderts: der riesige »schreitende Stier« von Fritz Boehle und der »Sämann« von Constantin Meunier, der die Besucher am Parkeingang empfängt.

Wetteraustraße, 60389 Frankfurt am Main
www.frankfurt.de

61 Hafenpark Frankfurt

Überall im Park geht es turbulent zu, es herrscht auf allen Plätzen ein reger Betrieb: Ob auf der Skate- und BMX-Anlage, dem Basketballfeld oder Fußballplatz, ob im Fitnessparcours oder Kinderspielplatz, auf den Kletterkugeln oder im Sandspielbereich – alle sind hier dauernd in Bewegung, in ständiger Aktion. Seit einigen Jahren gibt es den Hafenpark im Frankfurter Osten, der sich zu einem beliebten Treffpunkt für große und kleine Sportler entwickelt hat. Auf dem ehemaligen Industriegelände war der Sport- und Bewegungspark am Main im Jahre 2015 eröffnet worden, der nicht nur eine vielfältige Spiel- und Sportlandschaft bietet, sondern auch auf den Wiesen an der Uferpromenade ausreichend Raum zum Erholen und Entspannen. Und dies vor eindrucksvoller Kulisse mit Blick auf die Deutschherrnbrücke und die hoch aufragende Europäische Zentralbank. Eine oder vielmehr »die« Attraktion im Park ist die Skateanlage »Concrete Jungle« mit riesigem Street- und Bowlbereich für Fortgeschrittene ab acht Jahren, die mit ihren rund 5500 Quadratmetern zu den größten Anlagen ihrer Art in Deutschland gehört.

Mayfarthstraße, 60314 Frankfurt am Main
www.frankfurt.de

62 Höchster Stadtpark Frankfurt

Vor allem, aber nicht nur an sonnigen Tagen machen sich viele auf den Weg in den Park, um sich dort im Grünen niederzulassen, auszuruhen, um zu spielen oder Sport zu treiben. Wer sich heute in den Höchster Stadtpark begibt, den erwartet eine weitläufige Grünanlage mit großen Wiesenflächen, vielen alten Bäumen und einem idyllisch gelegenen Weiher, der von einer weißen Bogenbrücke überspannt wird. Auf Anregung des Höchster Bürgermeisters Viktor Palleske war die Parkanlage zwischen 1908 und 1911 auf dem ehemaligen Sumpfgelände als Erholungsraum für die Bürger der damals selbstständigen Industriestadt Höchst entstanden und in der Folgezeit durch die Breuerwiesen noch erweitert worden. Und auch heute noch, mehr als hundert Jahre später, ist die zum Frankfurter Grüngürtel gehörende Grünanlage ein Ort der Erholung für die ganze Familie mit vielen verschiedenen Möglichkeiten der Freizeitgestaltung. Besonders beliebt und belebt ist der neben dem Teich gelegene Sport- und Spielplatz, der für jedes Alter etwas zu bieten hat: vom Sandkasten über die große Kletterlandschaft mit Rutsche bis hin zum Bolzplatz und Basketballfeld oder den Tischtennisplatten.

Am Stadtpark, 65929 Frankfurt am Main
www.frankfurt.de

63 Holzhausenpark Frankfurt

Vom kunstvoll gestalteten Portal am Oeder Weg führt die Kastanienallee geradewegs zur ehemaligen Residenz derer von Holzhausen, einer der bedeutendsten Frankfurter Patrizierfamilien, die in der Stadt vielfach Geschichte geschrieben hat. Es ist das malerisch in einem Teich gelegene und über eine Brücke begehbare Barockschloss aus den Jahren 1727 bis 1729, das nach den Plänen von Louis Remy de la Fosse im französischen Stil auf den Fundamenten einer ehemaligen Wasserburg erbaut wurde. Dem damaligen Zeitgeschmack entsprechend war das Wasserschlösschen von einem Barockgarten umgeben, der später landschaftlich umgewandelt und vergrößert worden war. Im Jahre 1910 kam die Anlage dann in den Besitz der Stadt, die sie in reduzierter und neu gestalteter Form als Volkspark zugänglich machte. Heute ist der Holzhausenpark, der einst vor den Toren der Stadt lag, ein vielbesuchter Spiel- und Erholungsort im Frankfurter Nordend, der sich bei Jung und Alt großer Beliebtheit erfreut. Auf einer Fläche von rund 3,5 Hektar bietet er neben einer großen Spiellandschaft eine weiträumige Liegewiese und Spazierwege unter alten Bäumen bis hin zum Teichufer – immer mit Blick auf das idyllisch gelegene, sich im Wasser spiegelnde Schlösschen, in dem seit 1989 die Frankfurter Bürgerstiftung ihren Sitz hat und verschiedene kulturelle Veranstaltungen organisiert.

Justinianstraße, 60322 Frankfurt am Main
www.frankfurt.de

64 Huthpark Frankfurt

An einem sanft abfallenden Hang liegt der Seckbacher Park, auf dem sich eine riesige Wiese mit einzelnen Bäumen und Baumgruppen ausbreitet. Sie bildet das Zentrum des über hundert Jahre alten Volksparks »Auf dem Huth«, das rundum von einem breiten Spazierweg mit hohen schattenspendenden Bäumen umgeben ist. Darunter finden sich heute noch viele stattliche Exemplare aus der Entstehungszeit der Grünanlage, die zwischen 1910 und 1913 nach Plänen des Gartenbaudirektors Carl Heicke als öffentlicher Park geschaffen wurde.

Mitten im Grünen bietet die weitgehend original erhaltene Grünfläche mit ihren Spielplätzen und Fitnessanlagen heute wie damals viele Möglichkeiten zum Bespielen, zum Austoben oder Erholen. Und auch für die Hunde ist gesorgt, denn hier gibt es eine große Freilaufwiese. Besuchen oder besichtigen sollte man unbedingt auch den halbkreisförmigen Pavillon am Parkrand, der 1929 unter Stadtbaurat Ernst May nach Plänen von Eugen Carl Kaufmann, Herbert Boehm und Eugen Planck erbaut worden war, wie man auf den Infotafeln an den Parkzugängen erfahren kann. Bei diesem denkmalgeschützten Bauwerk im Stil der frühen Moderne handelt es sich ursprünglich um einen offenen Unterstandspavillon, der inzwischen rundum verglast ist und als Café mit Sommerterrasse genutzt wird.

Auerweg, 60320 Frankfurt am Main
www.frankfurt.de

65 Kätcheslachpark Frankfurt

Einem kleinen Bachlauf, der »Kätcheslache«, verdankt der Park im jüngsten Frankfurter Stadtteil seinen Namen. Es ist der rund zwölf Hektar große Kätcheslachpark, der vor einigen Jahren auf dem Riedberg angelegt worden war: Eine moderne multifunktionale Grünanlage mit Teich, weiten Wiesen und Baumalleen, mit Spiel- und Sportplätzen, die sogar bereits mit dem Garten-Oskar ausgezeichnet wurde. Denn hierbei handelt es sich um einen offen gestalteten Park- und Erholungsraum zwischen Stadt und Landschaft, in dem Regenwasserbewirtschaftung und Naturschutz eine große Rolle spielen. Dabei nimmt der Kätcheslachweiher mit seiner Aussichtsplattform einen zentralen Raum ein, der als Rückhaltebecken dem Hochwasserschutz und der Grundwasserneubildung dient. Mehrere kleinere Auffangbecken im Park sammeln die Niederschläge aus dem Wohngebiet, von den Straßen, Plätzen und Dächern der Siedlung Riedberg, die dann über Gräben und ein Klärbecken in den Weiher gelangen, um von dort reguliert über die Kätcheslache in den Kalbach zu fließen, der wiederum in die Nidda mündet.

Riedberg, 60438 Frankfurt am Main
www.frankfurt.de

66 Lohrpark Frankfurt

Ein fantastisches Panorama mit grandioser Fernsicht über die Mainmetropole eröffnet sich den Besuchern des Parks auf dem Lohrberg. Weit oben, am Rande des Plateaus, können sie bei guter Sicht weit über die Mainebene bis zum Taunus, zum Odenwald und Spessart blicken. Der Lohrpark ist Frankfurts höchst gelegener Park, eine äußerst beliebte Erholungsstätte am Seckbacher Stadtrand, die bereits im frühen 20. Jahrhundert geplant und ausgeführt worden war. Und zwar als eine der ersten öffentlichen Grünanlagen mit integrierter Kleingartenkolonie, mit Spiel- und Liegewiesen, Kindererholungsgarten, einer Kriegsgedächtnisstätte und Weinbergen, die beides – Erholung und Nutzung – miteinander vereinte. Ab 1919 entstand unter der Leitung von Gartenbaudirektor Max Bromme der Park »auf dem Lohr«, der in seiner Anlage und Gestaltung im Wesentlichen unverändert erhalten ist. So leitet auch heute noch eine Kirschbaumallee die Ankommenden durch die Kleingartenanlage zu einer weiten Spielwiese, die von alten Gehölzen umsäumt wird. Mitten durch diese Grünfläche hindurch geht es auf dem Weg weiter geradeaus auf das Lohrberg-Plateau und über ein Kastanienrondell auf den Panoramaweg. Dieser verläuft am Südrand entlang mit vielen Aussichtsplätzen und weitem Blick über die Wiesenhänge oder die in Terrassen angelegten Rebflächen des einzigen Frankfurter Weinbergs. Dabei führt er einerseits zur Lohrberg-Schänke und andererseits zu den Spielplätzen und zum Streuobstzentrum »MainÄppelHaus Lohrberg« mit Erlebnis- und Beratungsgarten. Zu jeder Jahreszeit, vor allem aber bei gutem Wetter im Sommer ist hier einiges los, auf dem Frankfurter »Hausberg«, der den Ausflüglern viel Naherholung und eine großartige Fernsicht bieten kann.

Auf dem Lohr, 60389 Frankfurt am Main
www.frankfurt.de

67 Nizza Frankfurt

Wie an der französischen Riviera schmücken Palmen, Yuccas, Feigenbäume, Lavendel, Agaven und viele andere exotische Pflanzen die Grünanlage am nördlichen Mainufer. Sie wachsen und gedeihen in der historischen Parklandschaft, die mit ihrem südländischen Flair an die Gärten der Côte d'Azur erinnert: »Nizza« lautet dann auch seit jeher der Name des Uferparks, der im 19. Jahrhundert am Untermainkai zwischen Holbeinsteg und Untermainbrücke angelegt wurde. Früher befand sich an seiner Stelle noch eine romantische Maininsel mit Badebetrieb, sie lag vor dem Nebenarm des Mains, dem Kleinen Main, der im Zuge der Ufererweiterung 1858 aufgefüllt wurde. Darauf plante der Stadtgärtner Sebastian Rinz – in Anknüpfung an die Wallanlagen – eine öffentliche Grünanlage am Flussufer, die von seinem Nachfolger und Enkel Andreas Weber fortgeführt und vollendet wurde. Dieser schuf dort, in dieser klimatisch günstigen und geschützten Südlage, eine repräsentative Parkanlage, die er reich mit südländischen Pflanzen aus Übersee ausstattete. Entlang der Kaimauer erstreckt sich seitdem der Nizzapark, der heute als einer der größten seiner Art nördlich der Alpen viele Besucher anlockt. Über eine prächtige Treppenanlage gelangt man vom Nizza-Pavillon am Untermainkai auf die Gartenterrasse mit ihrem ovalen Schmuckbeet. Von dort geht es in den umzäunten Garten mit seinen subtropischen Pflanzen aus aller Welt, der fast ausschließlich mit winterharten Gehölzen bepflanzt ist. Sie alle verbleiben das ganze Jahr über an ihrem Standort und können immer wieder von Neuem im Wandel der Jahreszeiten gesehen werden. Dabei sind sie thematisch in verschiedenen Bereichen angeordnet, die die Besucher vom Winterblühgarten über den Obstgarten in den Sommerblühgarten führen.

Untermainkai, 60329 Frankfurt am Main
www.frankfurt.de

68 Ostpark Frankfurt

Auf den schattigen Parkwegen unter hohen alten Bäumen herrscht bei schönem Wetter ein reger Betrieb: Viele Spaziergänger sind unterwegs, mehrere Radfahrer und Jogger drehen ihre Runden um die riesige Liege- und Sonnenwiese, auf der gepicknickt, gegrillt oder Ball gespielt wird, während auf dem Spielplatz daneben große und kleine Kinder rutschen oder schaukeln, klettern und balancieren. Von Anfang an geht es im 32 Hektar großen Ostpark sportlich zu: Er ist der erste und zweitgrößte Volkspark Frankfurts, der zwischen 1906 und 1911 mit Sportplätzen und Spielwiesen angelegt wurde. Zu dieser Zeit war das keineswegs selbstverständlich, sondern geradezu revolutionär, denn damals war es generell nicht gestattet, Rasenflächen zu betreten, geschweige denn darauf zu spielen oder Sport zu treiben. Hier aber hatte man für die Bevölkerung der östlichen Stadtteile einen Landschaftspark mit einem großen Weiher, Sportstätten und einer ausgedehnten »Spielwiese« geschaffen, die seit ihrer Anlage vielfach bespielt wurde – nicht nur, aber vor allem mit dem Fußball. Darauf verweist jetzt ein Werk der Komischen Kunst im Frankfurter GrünGürtel: Der »Elfmeterpunkt« von F. W. Bernstein, der 2008 an diesem beliebten Fußballspielplatz am Rande der Rasenfläche aufgestellt wurde. Eine weitere Attraktion des weit über hundert Jahre alten Volksgartens findet sich im Süden der Anlage, denn dort gab es ursprünglich einen Schulgarten für den Biologieunterricht, der später mit seiner reichen exotischen Vegetation in einen ruhigen, idyllischen Bürgergarten umgestaltet wurde.

Ostparkstraße, 60385 Frankfurt am Main
www.frankfurt.de

69 Poelzig-Park Frankfurt

Dort, wo früher die Zentrale des IG-Farben-Konzerns und später das Hauptquartier der amerikanischen Streitkräfte war, befindet sich heute der schönste Campus Deutschlands, der Campus Westend der Frankfurter Goethe-Universität. Zwischen 1928 und 1931 wurde das imposante Gebäudeensemble vom Architekten Hans Poelzig errichtet, das auf eine wechselreiche Geschichte zurückblicken kann. Dies gilt auch für die großzügige Gartenanlage, die nach Plänen von Max Bromme und dem »Bornimer Kreis« auf dem ehemaligen Grüneburg-Gelände entstanden ist. Sie erscheint in klarer Formensprache mit ausgedehnten Rasenflächen, üppiger Bepflanzung, mit Terrassierung, Treppenanlagen und geraden Wegeverläufen. Davon zeugen heute die wiederhergestellten Flächen rund um die Universitätsgebäude. Vor allem der Bereich zwischen Hauptgebäude und Casino erinnert mit seiner stufenförmigen Anlage und dem rechteckigen Wasserbassin an die historische Gestaltung. Und auch das Gelände hinter dem Casino ist mit ausgedehnten Grünflächen gestaltet, während sich zwischen dem Mensaanbau und dem Hörsaalzentrum eine große Freifläche mit langgestrecktem Wasserbecken ausbreitet: Es ist der Theodor-W.-Adorno-Platz, benannt nach dem bedeutenden Philosophen, Soziologen und Musiktheoretiker, dem man hier in unmittelbarer Nähe ein künstlerisch gestaltetes Denkmal errichtet hat, das seinen Arbeitsplatz mit Schreibtisch und Sessel in einem Glaskubus zeigt. Auf dem weiträumigen Platz selbst erhebt sich an zentraler Stelle die begehbare Skulptur des Künstlers Jaume Plensa: Eine acht Meter hohe offene, transparente Figur eines menschlichen Körpers, zusammengesetzt aus weißen Buchstaben verschiedener Alphabete, die den Titel »Body of Knowledge« trägt.

Campus Westend, Theodor-W.-Adorno-Platz 1, 60323 Frankfurt am Main
www.frankfurt.de

70 Rothschildpark Frankfurt

Zentral in der Frankfurter City, umgeben von hoch aufragenden Häusern, liegt der Rothschildpark, der sich nur wenige Meter vom Opernplatz entfernt zwischen Reuterweg und Oberlindau bis hin zur Bockenheimer Landstraße erstreckt. Dort war ursprünglich auch der Eingang zu dem Anwesen der Familie von Rothschild aus dem 19. Jahrhundert, das im Zweiten Weltkrieg größtenteils zerstört wurde. An den früheren Besitzer erinnert im Eingangsbereich ein Güterstein, der den Namen und das Wappen des Amschel Mayer von Rothschild trägt. Dieser hatte 1816 das Grundstück erworben und in den 1830er Jahren ein klassizistisches Palais mit angrenzendem, langgestreckten Landschaftspark errichten lassen. Von dem historischen Garten zeugt heute noch ein neugotischer Staffagebau, der sich eindrucksvoll vor der Kulisse der Hochhäuser erhebt: Auf einem Hügel steht der mittelalterlich anmutende Turm, eine künstlich geschaffene Ruine, die damals zu den beliebtesten romantischen Parkarchitekturen gehörte. Nicht weit davon entfernt findet sich die Figurengruppe »Ring der Statuen« des bedeutenden Bildhauers Georg Kolbe, die seit den 1950er Jahren in der neu geschaffenen Grünanlage steht. Im Jahre 2010 wurde der Rothschildpark umfassend saniert, der sich heute mehr denn je als ein Ort der Begegnung, eine Oase im Grünen zum Ausruhen und Entspannen mitten im Trubel der Großstadt präsentiert.

Reuterweg / Oberlindau, 60323 Frankfurt am Main
www.frankfurt.de

71 Volkspark Niddatal Frankfurt

Er ist nicht nur Frankfurts größter Park, sondern auch – nach dem Stadtwald – die zweitgrößte Grünfläche in der Stadt: Unmittelbar an der Nidda gelegen erstreckt sich der Volkspark Niddatal, auch »Niddapark« genannt, auf 168 Hektar Fläche mit weiten Wiesenräumen, reichen Gebüschzonen, kleinen Wäldern und einem grandiosen Ausblick auf den Taunus oder nach Frankfurt. »Natur in der Stadt« – unter diesem Motto war der Park zur Bundesgartenschau 1989 entstanden, an die heute noch die Lindenallee und die Sandsteinbastionen erinnern. Nach dem Ende der Gartenschau schuf man auf dem Gelände einen naturnahen Landschaftspark, der heute als Landschaftsschutzgebiet zum Frankfurter GrünGürtel gehört. Inzwischen ist er zu einem besonders beliebten Ausflugsort in der Stadt geworden, der viel Raum für Freizeitaktivitäten aller Art bietet. So kann man hier nicht nur auf weitläufigen Wegen spazieren, wandern, joggen oder Rad fahren und mit dem Hund an der Leine Gassi gehen, hier kann man auch auf den ausgedehnten naturbelassenen Wiesenflächen verweilen, sich ausruhen und entspannen oder den Vierbeiner auf der Hundewiese frei laufen lassen. Besonders reich ist der Niddapark darüber hinaus an Freizeit- und Sportstätten für Groß und Klein, darunter Kinderspielplätze, Fitnessanlage, Bolzplatz oder Skate-Anlage.

Volkspark Niddatal, 60488 Frankfurt am Main
www.frankfurt.de

72 Waldspielpark Louisa Frankfurt

Am Rande des Stadtwalds, im Süden von Sachsenhausen, entstand im Jahre 1954 der erste von heute insgesamt sieben Waldspielplätzen. Er befindet sich auf dem Gelände eines ehemaligen Lustgartens im Landschaftsstil, den Baron Simon Moritz von Bethmann im frühen 19. Jahrhundert anlegen ließ – und zwar als ersten Teil seines Louisa-Parks, den er nach seiner Frau benannt hatte. Hier, in dem historischen Garten, spielen und toben heute die Kinder unter hohen Bäumen, auf den Wiesen und Spielflächen. Es ist ein wahres Spielparadies mit integrativem Spielbereich und verschiedenen Spielstationen, die zum Klettern, Rutschen, Schaukeln oder Balancieren einladen. Ob auf dem großen Holzschiff, dem Klettergerüst, der Rutsche oder Nestschaukel – der Waldspielplatz bietet für jeden etwas, sogar ein großes Wasserspiel mit Sprühfeld und Planschbecken, das an warmen Tagen für viel Spaß und Abkühlung sorgt. Mit seinen Anlagen im Grünen ist der Spielpark ein beliebter Aufenthaltsort nicht nur für Kinder unter zwölf Jahren, sondern auch für die ganze Familie, die auf den sonnigen Liegewiesen viel Platz zum Erholen findet. Darüber hinaus gibt es mitten in der Anlage auf dem von hohen Bäumen bestandenen Rondell oder vor dem Kiosk mehrere schattige Sitzgelegenheiten und Picknickmöglichkeiten für Groß und Klein.

Mörfelder Landstraße, 60598 Frankfurt am Main
www.frankfurt.de

73 Waldspielpark Schwanheim Frankfurt

Eine ausgiebige Kletterpartie unternehmen oder mit der Seilbahn Fahrt aufnehmen, auf den Hang hochsteigen und die lange Rutsche hinabsausen oder doch lieber eine Runde schaukeln und wippen? Da fällt die Wahl schwer angesichts der zahlreichen verschiedenen Spielgeräte, die sich unter schattigen Bäumen auf mehreren Spielflächen verteilen. Denn der Waldspielplatz Schwanheim hat einiges zu bieten für die kleinen und größeren Parkbesucher, die sich an und auf den Geräten oder Sportplätzen austoben können. Zu den Favoriten gehört neben der Riesenrutsche vor allem die Wasserspielstätte im Zentrum der Anlage, die mit ihrem Sprühfeld und der großen Eulenspiegelfigur nicht nur an heißen Sommertagen die Hauptattraktion ist. Neben einem Bolzplatz mit Basketballkörben und einer Reihe von Tischtennisplatten gibt es außerdem ein Beachvolleyball-Feld sowie einen Minigolfplatz. Und natürlich überall auf der Wiese oder unter den Bäumen viel Freiraum zum Spielen und Toben, aber auch zum Ausruhen und Erholen. Am Rande des Waldspielparks findet sich darüber hinaus ein Grillplatz mit offenen und überdachten Feuerstellen, an dem Bänke und Tische für die Ausflügler bereitstehen.

Schwanheimer Bahnstraße, 60529 Frankfurt am Main
www.frankfurt.de

74 Wallanlagen Frankfurt

Mächtige Wallanlagen umgaben einst die Stadt, um die Bevölkerung vor Angriffen zu schützen. An ihrer Stelle durchzieht heute ein grünes Band ringförmig die City, das sich circa fünf Kilometer lang nördlich des Mains ausbreitet. Es war vor rund 200 Jahren, als die alten Befestigungsanlagen abgetragen und nach Plänen des Stadtgärtners Sebastian Rinz landschaftlich neu gestaltet wurden. Damit war die erste öffentliche Parkanlage Frankfurts entstanden, die man rechtlich durch das »Wallservitut« vor Bebauung schützte. Und so legen sich auch heute noch die Grünflächen deutlich erkennbar in einem zickzackförmigen Bogen um den Stadtkern. Dabei sind sie in sieben Abschnitte unterteilt, beginnend im Westen mit der Untermainanlage über die Gallus- und Taunusanlage, die Bockenheimer und Eschenheimer Anlage bis hin zur Friedberger Anlage und Obermainanlage im Osten.

Vom verkehrsreichen Anlagenring umgeben gehören die Parkanlagen heute zu den viel besuchten Stätten der Erholung und Begegnung. Hier finden sich ausgedehnte Rasenflächen, alte schattenspendende Bäume, viele Sträucher, Blumenbeete und immer wieder auch Wasseranlagen, Weiher mit Fontänen und Brunnen. Beim Durchstreifen der Anlagen trifft man immer wieder auf die Vergangenheit, zu sehen sind Denk- und Mahnmäler oder historische Bauten, aber auch große kunstvolle Werke der Gegenwart, moderne Architektur und zeitgenössische Skulpturen von internationalen Künstlern, die zur näheren Betrachtung einladen. Mitten im Großstadttrubel, zwischen hohen Häusern, sind die rund 22 Hektar großen Wallanlagen heute mehr denn je beliebte und belebte Oasen im Grünen mit viel Raum zum Entspannen und Bewegen, mit zahlreichen Plätzen zum Spielen und Entdecken.

Anlagenring, Frankfurt am Main
www.frankfurt.de

75 Wasserpark Frankfurt

Alles dreht sich in diesem historischen Park um das Element Wasser, genauer gesagt, um das Frankfurter Trinkwasser und die Versorgung der Stadt. Und dies bereits seit dem 19. Jahrhundert, als an diesem Ort ein unterirdischer Wasserbehälter angelegt wurde, der bis heute als Wasserreservoir dient. Darüber entstand auf dem hügeligen Gelände eine parkartig gestaltete Grünanlage mit Spazierwegen, Bäumen und Sträuchern, in der sich die historischen Eingangsbauten zum Hochbehälter, ein Obelisk und das Pumpenhaus finden.

Vom Eingang an der Dortelweiler Straße kommt man direkt auf geradem Wege zu einer besonderen Attraktion nicht nur, aber vor allem für Kinder und Jugendliche. Denn hier verläuft ein Wasserlehrpfad, der an neun – teilweise interaktiven – Stationen über den Kreislauf und den Weg des Wassers informiert. Wie das Trinkwasser gewonnen, aufbereitet und verteilt wird, wofür es täglich gebraucht wird – all das und noch viel mehr kann man vor Ort erfahren und teils spielerisch erleben. Ebenfalls zum Park gehört auch bereits seit 1880 ein Bienengarten, der vom Imkerverein betreut wird.

Dortelweiler Straße 105, 60389 Frankfurt am Main
www.frankfurt.de

76 Rosengarten Burg Hayn Dreieich

Rund um die Ruine der Burg Hayn aus dem 11. Jahrhundert breitet sich ein malerischer Rosengarten aus. Er umrahmt gleichsam das mittelalterliche Gemäuer in vielerlei Farben, Formen und Düften. Nach historischen Vorlagen und Vorbildern war der prächtige Rosengarten auf dem Burggelände ab 1984 angelegt worden, in dem inzwischen über 160 alte und moderne Sorten wachsen und gedeihen, darunter auch eine seltene und kostbare weiße Wildrosenart, die »rosa corymbifera«, die sich weithin verbreitet hat.

Vor der Palasgiebelwand, an der Stelle eines ehemaligen Turmvorbaus, schuf man darüber hinaus einen so genannten Rosenhag, der in seiner Gestaltung an spätmittelalterliche Darstellungen der Maria im Rosenhag erinnert. Dabei handelt es sich um einen romantisch idyllischen Rückzugsort, ein lauschiges Plätzchen mit Tisch und Bank, umgeben von Spalieren und Bögen dicht berankt mit weiß und rot blühenden Rosen. Daneben gibt es in diesem »neu« geschaffenen historischen Burggarten unter anderem auch einen Nutzgarten mit vielen verschieden duftenden Kräuterpflanzen.

Fahrgasse 52, 63303 Dreieich
www.burg-hayn.de

77 Büsingpark und Lilipark Offenbach

Zentral in der Stadtmitte, umgeben von zwei großen Verkehrsstraßen, findet sich der Büsing-Park: Ein beliebter und vielbesuchter Ort im Grünen mit ausgedehnten Wiesen, schattigen Bäumen und zahlreichen Ruheplätzen, die zum Verweilen einladen. Diese Parkanlage war bereits im späten 18. Jahrhundert als englischer Landschaftsgarten angelegt und später durch den neuen Besitzer Adolf Büsing um 1900 aufwendig umgestaltet worden, der damals auch das alte Herrenhaus in ein prächtiges barockes Palais umbauen ließ. Heute erstreckt sich die Anlage vom Büsing-Palais über den offenen Rundtempel auf einer Anhöhe und das gegenüberliegende Scheintor an der Kaiserstraße bis zu den Springbrunnen an der Berliner Straße. Daneben sind im Park und an seinem Rande mehrere Skulpturen des 20. und 21. Jahrhunderts aufgestellt, darunter die Senefelder-Skulptur in Erinnerung an den Erfinder des Steindrucks und die Stahlskulptur »Unfolded D« von Fletcher Benton.

Eng verbunden mit dem Büsing-Park ist der nördlich gelegene Lili-Park, ein weiterer Maingarten aus dem späten 18. Jahrhundert, in dem sich der Frankfurter Bankier Friedrich Metzler 1798 einen Badetempel erbauen ließ. Sowohl der Tempel als auch der Park erhielten später den Namen »Lili« nach Johann Wolfgang von Goethes ehemaliger Verlobten, Anna Elisabeth Schönemann, mit der sich der Dichter hier, in diesem romantischen Garten am Mainufer, im Sommer des Jahres 1775 traf.

Berliner Straße / Kaiserstraße / Herrnstraße, 63065 Offenbach am Main
www.offenbach.de

78 Dreieichpark Offenbach

Im weiten Bogen spannt sich eine Brücke über den Weg, während daneben eine scheinbar frei schwebende Treppe zu einer flach gewölbten Plattform führt, die sich an einen Pavillon mit Kuppel anschließt. Dieses ungewöhnliche Ensemble steht am Beginn der Parkanlage, die sich heute als Teil des Anlagenrings im Westen der Stadt erstreckt. Es sind die ältesten erhaltenen stahlfreien Betonbauwerke Deutschlands, die im Jahre 1879 zur 2. Hessischen Landesgewerbeausstellung vor Ort auf- und ausgestellt wurden. Seitdem stehen sie da – als frühe Zeugnisse modernster Bautechnik, geschaffen von der Offenbacher Zementfabrik Feege & Gotthardt, um die vielseitigen Möglichkeiten des damals neuartigen Baustoffs aufzuzeigen. Nach dem Ende der Gewerbeausstellung wurden – bis auf die Betonobjekte – alle anderen Exponate und Ausstellungsflächen wieder abgebaut, während die Gartenlandschaft mit der Bepflanzung, den Teichen und dem Musikpavillon erhalten blieb. Damit war 1879 in Offenbach der erste öffentliche Park entstanden, der im Laufe und Wandel der Zeiten immer wieder verändert und weiterentwickelt wurde. Mit seinen Spazierwegen und Parkbänken, dem Weiher mit großer Wasserfontäne, einem Wasserbecken und Kinderspielplatz sowie dem erneuerten Musikpavillon ist der naturnah gestaltete Park ein beliebter Ort der Erholung und Entspannung in der Stadt. Und darüber hinaus auch ein sehenswerter Ort der Industrie- und Baugeschichte, an dem heute noch die überregional bedeutenden Betondenkmäler stehen, die zurzeit aufgrund ihres Zustands gesichert und eingezäunt sind.

Frankfurter Straße / Parkstraße / Dreieichring,
63067 Offenbach am Main
www.offenbach.de

79 Leonhard-Eißnert-Park Offenbach

Schlicht und einfach Waldpark nannte man am Anfang den größten öffentlichen Park der Stadt, der erst später den Namen seines Schöpfers erhielt: Leonhard Eißnert, städtischer Dezernent und späterer Bürgermeister, ließ ab 1911 auf dem Bieberer Berg einen Waldpark umgeben von Sportflächen anlegen, um der Bevölkerung als Ausgleich für die beengten Wohnverhältnisse die Möglichkeit zur nahen Erholung im Grünen zu geben. Und so schuf man damals auf einer heute 22 Hektar großen Fläche eine von Spazierwegen durchzogene Parklandschaft mit vielen verschiedenen heimischen Baumarten und Büschen sowie einer langen Schneise, an deren Ende zwischen 1924 und 1926 ein Gefallenendenkmal in Form eines Rundtempels als Blickfang errichtet wurde. Später dann, in den Sechzigerjahren, erfolgte dem Zeitgeist entsprechend die Umgestaltung weiter Parkteile in einen abwechslungsreichen Freizeitpark mit großer Spiel- und Liegewiese, einer Minigolfanlage, der Jugendverkehrsschule und einem Wassersprühfeld mit Betonskulpturen des Offenbacher Künstlers Ludwig Plaueln. Vieles davon hat sich bis heute erhalten, anderes – wie die Minigolfanlage – ist inzwischen verschwunden, dafür ist einiges Neues hinzugekommen, darunter ein Spielplatz, ein Skatepark, das Badminton-Spielfeld oder der kostenpflichtige Kletterwald. Ganz im Sinne seines Erfinders Eißnert, der auch als »Vater der Offenbacher Anlagen« gilt, bietet der Waldpark mit seinen weitläufigen befestigten Wegen unter schattenspendenden Bäumen und sonnigen Wiesen auch heute viel Raum für die Erholung im Freien, für das Naturerleben, für Spiel, Spaß und Bewegung.

Bieberer Straße, 63071 Offenbach am Main
www.offenbach.de

80 Schlosspark Rumpenheim Offenbach

Auf den ersten Blick scheint die Zeit stehengeblieben, und doch zeugt bei näherem Hinsehen vieles vom Wandel, von den Entwicklungen der vergangenen Jahrhunderte. Wer von der Schlossgartenstraße durch das Tor in den Park tritt, erblickt sogleich das prächtig wiederhergestellte Schloss mit Barockgarten, erbaut zwischen dem 17. und 19. Jahrhundert, in dem früher die Landgrafen von Hessen-Kassel residierten. Von dort geht es an der Schlosskirche und dem Mausoleum vorbei in den naturnahen englischen Landschaftsgarten mit seinen unterschiedlich gestalteten Partien und vielfältigen Blickbeziehungen, entstanden in den Achtzigerjahren des 18. Jahrhunderts, der später vielfach verändert und erweitert wurde. Auf geschwungenen Wegen, die sich einst schlängelten, kann man heute wieder durch das Gelände spazieren, in dem seit Jahrhunderten zahlreiche herausragende Gehölze wachsen. Dabei wird man von einer landschaftlichen Attraktion zur nächsten, von einer Parkarchitektur zur anderen geleitet. Am Anfang erhebt sich ein kleiner Aussichtshügel mit Ausblick einerseits auf das Fundament der ehemaligen Volière und das dahinter aufragende Schloss, andererseits auf den schiefergedeckten Rundtempel, den Monopteros. Von diesem führt der Weg unter anderem zur Zarenlinde im Südosten des Parks oder in Richtung Main zu einem bereits aus der Ferne sichtbaren türkischen Pavillon mit bekrönendem Halbmond. Weiter geht es an der Nordgrenze oberhalb der Mainaue zu dem eindrucksvollen »Baumsaal« mit geschlossenem Blätterdach und dann durch die Platanenallee wieder zurück zur Grünanlage vor den Schlosshof, auf der heute wieder die Replik einer Statue der Jagdgöttin Diana steht.

Schlossgartenstraße, 63075 Offenbach am Main
www.offenbach.de

81 Wetterpark Offenbach

Wie ein Gewitter entsteht, woher der Wind weht, wieviel die Luft wiegt oder wie die Sonnenstrahlung wirkt: Dies alles und noch viel mehr erfahren die Besucher im Offenbacher Wetterpark, der Teil des Regionalparks RheinMain ist. Von einer Station zur anderen kann man hier, in der Stadt des Wetters, dem Sitz des Deutschen Wetterdienstes, viel sehen und lernen über das Wetter und das Klima, über die Wetterbeobachtung und -erforschung. Auf dem Gelände der ehemaligen Anzuchtgärtnerei am Buchhügel liegt mitten in der Natur der 2005 eröffnete Themenpark, durch den ein spannender Lehr- und Erlebnispfad mit anschaulichen Infotafeln führt. Am Parkeingang steht das mit Zinkblechen verkleidete Besucherzentrum mit rückseitiger Tribüne, dem »grünem Klassenzimmer«, das im Innern, in seiner Ausstellung viele weitere Informationen und interaktive Stationen bietet. Gleich daneben befindet sich die vollautomatische Wetterstation des Deutschen Wetterdienstes, die über verschiedene Sensoren das aktuelle Wetter misst. Einige Meter weiter erhebt sich das Wahrzeichen des Parks, ein 13 Meter hoher Aussichtsturm, der bei guter Sicht über Frankfurt bis zu den Höhenzügen des Taunus blicken lässt.

Beim Rundgang durch die Anlage im Grünen, in der es auch einen Baumpfad gibt, begegnet man auf Schritt und Tritt dem Thema »Wetter« und kommt dabei von einem spektakulären Exponat zum nächsten: Angefangen von dem Blitzbaum und der Sonnenuhr über den Luftwürfel und die Windfahnen bis hin zum Wettersatelliten und vielem mehr. Unter anderem gehört dazu auch ein acht Meter hohes Wetterradar mit weißer Kuppel, ein so genanntes Radom, das der Niederschlagsmessung dient.

Am Wetterpark 15, 63071 Offenbach am Main
www.offenbach.de

82 Schlosspark Heusenstamm

Seine Geschichte reicht bis ins späte 17. Jahrhundert zurück, als die Burg der Herren von Heusenstamm in den Besitz der Grafen von Schönborn kam und diese vor dem alten ein neues Schloss errichten ließen. Davon ausgehend entstand im frühen 18. Jahrhundert ein prachtvoller Lustgarten in barocker Manier, der nach dem berühmten Vorbild von Versailles geschaffen und aufwändig ausgestattet wurde. Seitdem ist viel Zeit vergangen, es hat sich vieles im Schloss und seinem Garten verändert, der im Laufe der Jahrhunderte so manche Wandlung erfahren hat. Und doch kann man heute noch Spuren im Park entdecken, die von der glanzvollen Vergangenheit der Anlage zeugen.

Vor der langgestreckten Schlossfront mit ihren vorgelagerten Rundtürmen breitet sich ein schmuckes Barockparterre aus, es ist reich mit Blumenbeeten dekoriert, die ornamentale Muster herausbilden. Vom Schlosseingang aus verläuft in Richtung Westen die zentrale Achse, sie durchzieht das Parterre bis hin zum Löwentor und von dort über die Kaiserlindenallee mit zwei Teichen zu den Seiten durch den ehemaligen »Herrengarten«. Weiter geht es – durch die Bahnunterführung hindurch – in den anschließenden weitläufigen englischen Waldpark auf dem zentralen Weg geradeaus – an den Forstweihern vorbei – bis hin zum Rondell am Parkausgang, auf dem als Blickfang ein Obelisk steht. So kann man vom ehemaligen Schloss Schönborn, dem heutigen Rathaus, auf historischem Weg durch den ehemaligen gräflichen Garten wandeln und dabei einiges aus der wechselreichen Geschichte der Parkanlage entdecken.

Im Herrngarten, 63150 Heusenstamm
www.heusenstamm.de

83 Schlossgarten Hanau

Vor mehr als 250 Jahren ließ Landgräfin Maria von Hessen-Kassel an der alten Burg ein Boskett anlegen und schuf damit einen der ersten englischen Landschaftsgärten auf dem europäischen Festland. Rund fünfzig Jahre später erfolgte dann unter Kurfürst Wilhelm II. die Umgestaltung der Grünanlage am Stadtschloss, zuerst durch den Hofgärtner Wilhelm Hentze, dann nach Plänen von Louis Meinicke. Später, nach der Übernahme des Gartens durch die Stadt 1890 und dem Ende des Zweiten Weltkriegs gab es weitere Veränderungen in der Parklandschaft, die zuletzt für die Landesgartenschau ausgebaut wurde. Dabei ist die historische Anlage aus dem 19. Jahrhundert in ihrer Größe und Grundstruktur weitgehend erhalten geblieben. Auch der zentral gelegene Weiher erscheint noch in seiner ursprünglichen Form. Wenn man durch die historische Anlage am Congress Park spaziert, kann man viele weitere Zeugen der Gartengeschichte entdecken, denn der Park ist reich an alten Bäumen, darunter Pyramideneichen und eine Platane, die unter Naturschutz stehen.

So erinnert heute einiges an den historischen Schlossgarten, während anderes im Laufe der Zeit neu hinzugekommen ist. Zu den Sehenswürdigkeiten gehört eine eindrucksvolle Bronzeskulptur, die sich im und am Teich befindet. Es ist das Werk des Bildhauers Albrecht Glenz, das dort seit 2014 präsentiert wird. »Die sechs Schwäne und ihre Schwester« ist der Titel der zweiteiligen Arbeit aus den 1980er Jahren, die nach einem bekannten Motiv aus den Grimm'schen Märchen entstanden ist. Geschildert wird der ergreifende Moment, als die sechs in Schwäne verwandelten Brüder über den Teich in Richtung ihrer am Ufer auf dem Scheiterhaufen stehenden Schwester fliegen, um sie zu retten. Diese Arbeit ist Teil des Märchenpfads, der durch die Geburtsstadt der Brüder Grimm verläuft.

Heinrich-Bott-Straße, 63450 Hanau
www.hanau.de

84 Schlosspark Philippsruhe Hanau

Wo früher die Hanauer Grafen in einem geometrisch gestalteten französischen Barockgarten lustwandelten, da flanierten später die Kurfürsten von Hessen-Kassel durch eine landschaftliche Parkanlage im englischen Stil. Wie diese im späten 19. Jahrhundert unter dem Landgrafen von Hessen-Rumpenheim angelegt war, davon kann man sich auch heute noch ein Bild machen, denn die Anlage wurde zur Landesgartenschau 2002 nach Plänen des Gartenarchitekten Jens Person Lindahl von 1879 weitgehend wiederhergestellt.

Damals wie heute führt die Philippsruher Allee von der Stadt zum Schloss, die geradewegs auf die imposante Barockanlage zuläuft. Durch ein schmiedeeisernes Tor kommt man in den Vorhof vor den Eingang des Schlosses, das im frühen 18. Jahrhundert unter Graf Philipp errichtet und später mehrfach umgebaut worden war. Dahinter, an der Schlossrückseite, erstreckt sich entlang des Mains der Schlossgarten mit seinen alten Bäumen und der weiten Wiesenanlage, durchzogen von weitläufigen Wegen in bogenförmigen Schwüngen. In der Mitte der zentralen Blickachse, die vom Schloss in Richtung Westen verläuft, liegt der Teich mit hoch aufsteigender Fontäne. Umrahmt wird der Garten an den Seiten von Baumalleen, während sich nordwestlich der tiefer gelegene Orangeriegarten und im Westen das Amphitheater mit der Goldenen Treppe anschließen, in dem jedes Jahr die Brüder Grimm Festspiele und andere kulturelle Veranstaltungen stattfinden. Darüber hinaus ist der historische Park auch ein Ort moderner Kunst, der große Werke zeitgenössischer Bildhauerkunst zeigt.

Philippsruher Allee 45, 63454 Hanau
www.hanau.de

85 Staatspark Wilhelmsbad Hanau

Eine romantische Burgruine in idyllischer Lage auf einer Insel im Teich gehört von alters her zu den Hauptattraktionen der historischen Parklandschaft. Sie war als scheinbar verfallender Turm aus dem Mittelalter mit prächtiger Innenausstattung geschaffen worden: Als eine Art Refugium für den Schöpfer der Kur- und Parkanlage Wilhelmsbad, dem damals regierenden Hanauer Grafen, Erbprinz Wilhelm IX. von Hessen-Kassel. Dieser hatte nach der Entdeckung der Heilquellen das nach ihm benannte Kurbad durch den Baumeister und Ingenieur Franz Ludwig Cancrin ausbauen lassen. Entlang der zentralen Promenade entstanden ab 1777 die spätbarocken Kurgebäude mit Comoedienhaus, umgeben von einem 37,5 Hektar großen Park im Stil der damals neu aufkommenden landschaftlichen Gartenkunst aus England. Auf dem naturhaft gestalteten Gelände, durchzogen von Spazierwegen, schuf man eine abwechslungsreiche Landschaft mit dichten Wäldern und lichten Wiesentälern, Bachlauf und Teich, mit verschiedenen Spiel- oder Vergnügungsstätten und Staffagebauten, die bei den umherwandelnden Badegästen von Szene zu Szene unterschiedliche Stimmungen und Empfindungen auslösen sollten. Viele dieser Attraktionen sind im Park noch zu entdecken, wie die Burgruine oder die Grabpyramide, die Teufelsbrücke oder das Karussell. So kann man heute wie damals die Badegäste durch eine malerisch gestaltete Parklandschaft mit ihren sehenswerten Bauten spazieren, die sich nach dem Niedergang des einstmals blühenden Badebetriebs als eine der wenigen Kuranlagen des 18. Jahrhunderts fast unverändert erhalten hat.

Parkpromenade 7, 63454 Hanau
www.schloesser-hessen.de

86 Klostergarten Seligenstadt

Von hohen Mauern umgeben ist der Garten der ehemaligen Klosteranlage, die die Besucher auf eine Zeitreise in die Vergangenheit, in die frühere Welt der Mönche mitnimmt. Es ist die von Einhard um 828 gegründete Benediktinerabtei Seligenstadt, die eindrucksvoll das einstige klösterliche Leben veranschaulicht. Fast tausend Jahre lang lebten und arbeiteten Mönche bis 1803 in der eigenständigen Klosterstadt am Mainufer, die sich auch heute noch – dank ihrer Restaurierung – fast unverändert als geschlossenes Ensemble erhalten hat. Und zwar fast genauso, wie sie sich im 17. und 18. Jahrhundert präsentierte. Südlich der Klosterkirche erheben sich die barocken Klosterbauten und Wirtschaftsgebäude, während sich im Osten der große Konventgarten anschließt. Er erscheint als ein regelmäßig angelegtes Parterre mit acht Kompartimenten in geometrischer Form, in denen – nach historischen Pflanzplänen – Blumen, Büsche und Bäume, aber auch Obst, Gemüse und Kräuter kultiviert werden. Neben der Orangerie mit ihren exotischen Pflanzen befindet sich der historische Apothekergarten mit Heilkräutern, der ehemals der medizinischen Versorgung der Mönche und der Bevölkerung diente. Gleich neben der Klosterpforte liegt der Mühlgarten, bei dem es sich einst um einen Baumgarten mit Wildgehege handelte. Außer den Nutzgärten gibt es im Kloster auch reine Ziergärten, wie den Kreuzgarten im Kreuzgang oder das Engelsgärtchen im Klosterhof.

Kloster Seligenstadt, 63500 Seligenstadt
www.schloesser-hessen.de

87 Spielpark Hochheim

Wo kann man schon eine meterlange Dschungelbrücke überqueren, auf einem Tarzanschwinger durch die Lüfte schwingen, durch einen Tunnel rutschen, auf Baumstämmen balancieren, im Krähennest schaukeln oder in einem Felsenmeer picknicken? Möglich ist dies alles im Spielpark Hochheim, der sich auf einer weitläufigen Fläche von 50.000 Quadratmetern außerhalb der Stadt erstreckt. Denn dort gibt es viele Attraktionen für Kinder aller Altersgruppen zum Spielen und Spaß haben. Auf dem ehemaligen Gelände einer Kiesgrube, an die heute unter anderem noch die hügelige Landschaft erinnert, ist die imposante Spielparkanlage mit Spiel- und Liegewiesen als ein Projekt des Regionalparks RheinMain 2003 entstanden. Sie bietet allerlei Gerätschaften zum ausgiebigen Klettern, Seilbahn-Fahren, Schaukeln oder Wippen und immer wieder viel Sand oder Kieselsteine zum Buddeln. Bereits aus der Ferne ist der hoch aufragende Pyramidenturm mit seiner 15 Meter hohen Tunnelrutsche sichtbar, zu dem die Netzbrücken hinführen. Er ist gleichsam das Wahrzeichen des Spielparks im Norden von Hochheim, der mit seiner abenteuerlichen Spiellandschaft weit über die Grenzen der Stadt und Region hinaus bekannt und vor allem am Wochenende viel besucht ist.

Spielpark Hochheim, 65239 Hochheim am Main
www.regionalpark-rheinmain.de

88 Verna-Park Rüsselsheim

Es war vor langer Zeit, da ließ sich Freifrau Wilhelmine von Verna neben ihrem neu ausgebauten Palais einen idyllischen Landschaftsgarten anlegen. Bis heute hat der naturhaft gestaltete Garten seinen ursprünglichen Charakter bewahrt, der als spätromantischer Garten nach Art eines englischen Landschaftsgartens um die Mitte des 19. Jahrhunderts entstanden ist. Ein weitverzweigtes Wegenetz führt in vielen Schwüngen durch dieses Kleinod der Gartenbaukunst zu den einzelnen Sehenswürdigkeiten: Ausgehend vom klassizistischen Palais Verna gelangt man zu den historischen Parkbauten, die hier mitunter überraschend am Wegesrand auftauchen: Angefangen von den Überresten der alten Grotte, dem antik anmutenden Rundtempel oder der Nische aus Muschelkalk über die künstliche Turmruine mit Trompe-l'Œil-Malerei bis hin zu dem Obelisken. Im Mittelpunkt dieser stimmungsvollen Gartenidylle des 19. Jahrhunderts steht die Alte Mühle als eine Art Eremitage, gelegen am Weiher mit Wasserfontäne, in der sich die Freifrau oft und gerne zurückzog. Nach ihren Vorstellungen war dieser romantische Garten mit vielen malerischen Ansichten und Ausblicken entstanden, der seit weit mehr als hundert Jahren als öffentlicher Stadtpark die Besucher aus der Nähe und der Ferne anzieht.

Ludwig-Dörfler-Allee, 65428 Rüsselsheim am Main
www.ruesselsheim.de

89 Schlosspark Braunshardt Weiterstadt

Als eine »Perle des Rokoko« gilt die schmucke Schlossanlage, die sich heute wieder in ihrer alten Pracht präsentiert und dabei an längst vergangene Zeiten, an glanzvolle Epochen erinnert, als an diesem Ort mitunter sogar gekrönte Häupter verkehrten. Auch die spätere Königin Luise von Preußen, die Enkelin des Schloss-Erbauers, verbrachte einige Zeit in ihrer Jugend im damaligen Sommerschoss des Großvaters, in das sie sogar 1793 mit ihrem Verlobten Friedrich Wilhelm von Preußen kam. Und auch die britische Königin Victoria besuchte einstmals Schloss Braunshardt, das sie wegen seiner vielfarbigen Zimmer als ein »buntes Pralinenkästchen« beschrieb.

Entstanden war das Lustschloss in den Sechzigerjahren des 18. Jahrhunderts auf dem ehemaligen Hofgut Braunshardt, das Landgraf Ludwig VIII. von Hessen-Darmstadt seinem zweitgeborenen Sohn Prinz Georg Wilhelm geschenkt hatte. Dieser ließ sich dort von Johann Jakob Hill einen Sommersitz mit Lustgarten nach französischem Vorbild im Rokokostil errichten, in dem – wie aus den Überlieferungen hervorgeht – viele höfische Feste gefeiert wurden. Im Laufe der nächsten Jahrhunderte erfolgten viele Veränderungen am und um das Schloss herum, das später nach Süden erweitert und mit einer Kapelle ausgestattet wurde. Immer wieder wechselten die Besitzer und damit auch die Nutzung der Anlage, bis sie schließlich 2006 von der Stadt Weiterstadt erworben wurde. Seitdem ist der Schlosspark öffentlich zugänglich, der sich nach Norden vom französischen Garten mit der Brunnenlage über eine große Rasenfläche mit zwei Alleen an den Seiten bis hin zu dem englischen Landschaftsgarten erstreckt.

Schlossgartenstraße 2, 64331 Weiterstadt
www.schloss-braunshardt.org

90 Botanischer Garten Darmstadt

Rund 8000 verschiedene Pflanzenarten aus aller Welt wachsen im Botanischen Garten der Technischen Universität, der nicht nur der Lehre und Forschung dient, sondern auch allen Interessierten während der Öffnungszeiten offensteht. Gegründet wurde der Botanische Garten bereits 1814 im Schlossgraben, seit 1874 befindet er sich an seinem heutigen Standort an der Schnittspahnstraße in unmittelbarer Nähe des Fachbereichs Biologie. Dort, auf den Freilandflächen neben den Gewächshäusern kann man auf geschwungenen Wegen durch die idyllische Naturlandschaft gehen, die von einem Bachlauf durchflossen wird. Dabei kommt man durch verschiedene Gartenbereiche von einem eindrucksvollen Ort zum anderen: Mal geht es zu einem Bambushain oder an Bienenstöcken vorbei, dann wieder rund um einen Teich mit Alpinum, durch eine systematische Abteilung, in einen Farngarten oder zu den alten und seltenen Gehölzen durch den »Tertiärwald«. Vor den Augen der Besucher breitet sich eine vielfältige heimische und exotische Flora aus, die immer wieder neue spannende Einblicke in die reiche Welt der Pflanzen und ihre Entwicklung im Laufe der Jahreszeiten bietet.

Schnittspahnstraße 5, 64287 Darmstadt
www.bio.tu-darmstadt.de

91 Herrngarten Darmstadt

Aus drei großen und mehreren kleineren Gärten setzt sich der Herrngarten ursprünglich zusammen: Zentral in der Stadt liegt Darmstadts ältester und größter Park, der bereits im 16. Jahrhundert nahe des Residenzschlosses entstanden ist und später gartenkünstlerisch weiterentwickelt wurde. Dabei geht seine Gestaltung als romantischer Landschaftspark im englischen Stil auf die Landgräfin Karoline zurück, die hier um 1766 unter anderem ein Boskett und eine Eremitage schuf. Anfang des 19. Jahrhunderts gab es weitere Veränderungen und Erweiterungen: Man legte einen kleinen Teich, weite Wiesen und geschwungene Wege an und pflanzte zahlreiche Bäume. Auch der zwölf Meter hohe Herrngartenberg im nordwestlichen Parkbereich, der ursprünglich als Aussichtshügel diente, stammt aus dieser Zeit. Schon damals, genauer um 1801, hatte der spätere Großherzog Ludewig I. den Park für die Bürger zugänglich und damit zu einem vielbesuchten Ausflugsort im Grünen gemacht. Später kamen Spielplätze, ein Café-Restaurant und ein kleiner Musikpavillon hinzu. Außerdem finden sich im Park mehrere historische Denkmäler, wie das Grabmal der Landgräfin Karoline, der Gedenkstein für Prinzessin Elisabeth oder das Goethe-Denkmal.

Schloßgartenstraße / Frankfurter Straße, 64289 Darmstadt
www.darmstadt.de

92 Mathildenhöhe Darmstadt

Auf einem hoch aufragenden Hügel, an der Stelle eines ehemaligen Landschaftsgartens, befindet sich die berühmte Mathildenhöhe: Ein besonderer Ort der Kunst und des Design mit einem eindrucksvollen Jugendstilensemble aus Architektur, Skulpturen und Gartenanlagen, das seit 2021 zum Weltkulturerbe zählt. Schon von weitem sichtbar erheben sich neben der Russischen Kapelle die herausragenden Bauten der Darmstädter Künstlerkolonie, die im frühen 20. Jahrhundert entstanden sind. Gegründet wurde die Kolonie von Großherzog Ernst Ludwig im Jahre 1899 unter anderem mit so namhaften Künstlerpersönlichkeiten, wie Joseph Maria Olbrich, Peter Behrens und Hans Christansen, die Darmstadt zu einem international bedeutenden Zentrum der frühen Moderne mit großem Einfluss machten. Mit ihrem wegweisenden Werk und Wirken schufen sie auf der Mathildenhöhe infolge von vier Ausstellungen ein einzigartiges Gesamtkunstwerk bestehend aus Wohn- und Künstlerhäusern mit Ausstattung, Ateliers und Ausstellungsgebäude, eingebunden in eine kunstvoll gestaltete Parklandschaft mit Brunnen, Pavillons und Skulpturen. Neben Olbrichs berühmtem Hochzeitsturm, seinem Ausstellungsgebäude und dem Ernst Ludwig-Haus gehören dazu unter anderem die Brunnenanlage vor der Russischen Kapelle von Albin Müller und der bereits um 1830 angelegte Platanenhain – ein in sich geschlossener Gartenbereich, den der Bildhauer Bernhard Hoetger 1914 mit Skulpturen und Reliefs ausstattete. Darüber hinaus kann man durch die am Hang liegenden Grünflächen spazieren, in denen weitere Parkarchitekturen und Kunstwerke der Künstlerkolonie zu entdecken sind.

Sabaisplatz, 64287 Darmstadt
www.mathildenhoehe.eu
www.mathildenhoehe-darmstadt.de

93 Orangeriegarten Darmstadt

Warum in die Ferne schweifen, wenn das Schöne liegt so nah? Jedes Jahr zur Sommerzeit präsentiert sich der Orangeriegarten wie im sonnigen Süden mit einer Vielfalt an exotischen Pflanzen aus dem mediterranen Raum: Palmen und Bananenstauden, Zitronen- und Orangenbäume, Mandarinen und Myrten stehen in Kübeln vor der Orangerie auf dem zentralen Weg durch die kunstvoll gestaltete Barockanlage. Es ist ein prachtvoller Garten im französischen Stil, angelegt 1721 für Landgraf Ernst Ludwig auf dem ehemaligen Bessunger Harnischhof nach Plänen von Louis Remy de la Fosse. Vor dem Prachtbau der Orangerie, in dem früher die Kübelpflanzen überwinterten, entstand eine streng geometrische Parkanlage mit ornamental gestalteten Beeten, Rasenflächen, Alleen, mehreren Springbrunnen sowie Obst- und Gemüsegärten. Über drei nach Süden hin ansteigende Terrassen erstreckt sich der Orangeriegarten mit seinem einzigartigen mediterranen Flair, der die Besucher heute wie damals zum Erkunden und Genießen einlädt.

Bessunger Straße 44, 64285 Darmstadt
www.darmstadt.de

94 Park Jagdschloss Kranichstein Darmstadt

Eine malerische Naturlandschaft umgibt das ehemalige Jagdschloss der Landgrafen von Hessen-Darmstadt. Es liegt mit seinem idyllischen Park mitten in Wiesen und Wäldern neben einem großen Teich in einem alten Jagdgebiet, in dem sich heute noch viele Spuren seiner Vergangenheit finden. Immer wieder stößt man hier auf Tafeln und Grenzsteine, historische Wege und Schneisen, auf alte Bäume und Gräben oder historische Gebäude, wie das sehenswerte 112 Meter lange Jagdzeughaus. Wer sich auf den Rundgang »Jagdhistorische Pirsch« durch den Kranichsteiner Wald begibt, der kann an mehreren interaktiven Stationen und auf einzelnen Infotafeln viel über die Geschichte und Bedeutung der Jagd erfahren, die früher ein besonderer Ausdruck höfischer Kultur war. Ausgangspunkt für die fürstlichen Jagden war das um 1580 erbaute Schloss im Renaissancestil, eine Dreiflügelanlage, die im 19. Jahrhundert zur Residenz ausgebaut und mit einem idyllischen Landschaftsgarten ausgestattet wurde. Von hier aus ging es viele Jahrhunderte lang in den angrenzenden Wildpark auf die Pirsch. Dabei gehörte Schloss Kranichstein zu den bedeutendsten Jagdhäusern der Landgrafen von Hessen-Darmstadt, wie man auf einer der Tafeln vor Ort lesen kann – mehr noch, es war über 300 Jahre lang ihr Zentrum für die Jagd. Bereits 1917 ließ Großherzog Ernst Ludwig ein öffentlich zugängliches Jagdmuseum im Schloss einrichten, das sich seit den 1950er Jahren im Besitz der Stiftung Hessischer Jägerhof befindet.

Kranichsteiner Straße 261, 64289 Darmstadt
www.jagdschloss-kranichstein.de

95 Park Rosenhöhe Darmstadt

Sechs majestätische Löwen auf mächtigen Ziegelpfeilern bewachen den Parkeingang: Sie stammen von Bernhard Hoetger und gehörten ursprünglich zum Portal der letzten Ausstellung der Künstlerkolonie, das später mit einem neuen Postament vor der Rosenhöhe aufgestellt wurde. So steht die eindrucksvolle Toranlage seit dem Jahre 1926 da, die die Besucher bereits am Eingang auf ein besonderes Gartenkunstwerk einstimmt. Denn wer durch das Löwentor schreitet, findet sich wieder in einer kunstvollen Parklandschaft, die über die Stadtgrenzen hinaus Gartengeschichte geschrieben hat. Es war der Begründer der Künstlerkolonie, Großherzog Ernst Ludwig, der den 1810 angelegten Landschaftsgarten um die Jahrhundertwende umgestalten ließ und dabei den »Darmstädter Gartenstil« kreierte. Auf der höchsten Erhebung schuf er ein Rosarium mit Rosendom, in dem er Elemente des italienischen und englischen Rosengartens kombinierte. Zu diesem prachtvoll blühenden Rosengarten mit herrlichem Weitblick in die Umgebung gelangt man auf mehreren geschwungenen Wegen. Sie führen durch die in wechselreichen Szenerien angelegte Stimmungslandschaft des 19. Jahrhunderts. Dabei kommt man von einer Sehenswürdigkeit zur anderen: vom Teehäuschen, den Mausoleen und den Fürstengräbern bis hin zum Portalwappen, das einst den Eingang des ehemaligen Palais schmückte. Überall im Park wandelt man auf den Spuren der Vergangenheit, die auch in die Gegenwart führen, denn auf der Rosenhöhe wurde ab 1954 die »Neue Künstlerkolonie« mit mehreren Atelierhäusern errichtet, die heute noch von Künstlern bewohnt sind. Darüber hinaus trifft man im Park, der seit 1980 Eigentum der Stadt ist, immer wieder auch auf Werke zeitgenössischer Bildhauerkunst.

Bernhard-Sälzer-Platz, 64287 Darmstadt
www.darmstadt.de

96 Prinz-Emil-Garten Darmstadt

Zwischen 1775 und 1778 ließ sich der Minister des Landgrafen Ludwig IX., Friedrich Karl von Moser, auf einer Anhöhe seines Grundstücks ein schmuckes Barockschlösschen mit Weitblick über die Anlage errichten. Umgeben war es von einem landschaftlichen Garten mit barocken Elementen nach englischem Vorbild und reich ausgestattet mit Parkarchitekturen, darunter eine Ruine, Eremitage und ein chinesischer Pavillon. Keiner dieser Staffagebauten hat sich über die Jahrhunderte erhalten, nur in dem wiederhergestellten Teich in der Gartenmitte erhebt sich heute wieder ein Inselpavillon, der an die ehemalige historische Ausstattung erinnert. Von den Aussichtsplätzen am Teichufer hat der Betrachter einen herrlichen Blick zum Schloss über den Landschaftsgarten, der im 19. Jahrhundert weiterentwickelt und nach seinem späteren Besitzer Prinz Emil benannt wurde. Seit 1927 gehört das Anwesen der Stadt, die das Palais und den Garten nach den Zerstörungen im Zweiten Weltkrieg wiederhergerichtet und in den Achtzigerjahren saniert hat. Außer den Spielplätzen im nördlichen Parkbereich gibt es demgegenüber am südlichen Eingang seit einiger Zeit den Nachbarschaftsgarten »Prinz Emil baut an«, der zu einem besonderen Ort der Begegnung im Garten geworden ist.

Heidelberger Straße / Hermannstraße / Niederstraße,
64285 Darmstadt
www.darmstadt.de

97 Prinz-Georg-Garten Darmstadt

Ruhig und idyllisch liegt er von hohen Mauern umschlossen mitten in der Stadt: Der Prinz-Georg-Garten, ein fürstlicher Garten im Rokokostil, der sich heute wie schon vor Jahrhunderten als kunstvoll gestalteter Zier- und Nutzgarten präsentiert. Ursprünglich waren es zwei voneinander getrennte Gärten, die man später miteinander verbunden hat: Auf der einen Seite der Palaisgarten, der sich vom barocken Palais, dem Prinz-Georg-Palais, erstreckt. Und auf der anderen Seite der Prettlack'sche Garten, der sich vom ehemaligen Gartenhaus des Johann Rudolf von Prettlack nach Westen ausbreitet. Diese beiden Anlagen, deren Hauptachsen sich im rechten Winkel kreuzen, wurden im Jahre 1748 unter Landgraf Ludwig VIII. von Hessen-Darmstadt zusammengelegt. Einige Jahre später schenkte der Landgraf 1764 das Anwesen seinem Sohn, Prinz Georg Wilhelm, der es als privaten Sommersitz, als Rückzugsort für die Familie nutzte. Bis heute hat der regelmäßig angelegte Garten seinen Rokoko-Charakter weitgehend bewahrt: Er erscheint in geometrischer Ordnung mit reich bepflanzten Beeten, die – von Buchshecken umrahmt – das »Schöne und das Nützliche« vereinen. So blühen hier nicht nur vielfarbige Blumen, sondern wachsen auch verschiedene Kräuter, Gemüsearten oder Obstgehölze. Neben Fontänen gibt es im Park unter anderem auch zwei Sonnenuhren aus Sandstein zu bewundern, die zur historischen Ausstattung gehören. Erhalten hat sich im Darmstädter Stadtzentrum eine beschauliche Gartenidylle aus dem 18. Jahrhundert, die hier – direkt an den Herrngarten angrenzend – zum Genießen, Ausruhen und Verweilen einlädt.

Schlossgartenstraße 6b, 64289 Darmstadt
www.schloesser-hessen.de

98 Schlossgraben Darmstadt

Viel Wasser war bereits durch den Graben geflossen, bis er schließlich im frühen 19. Jahrhundert trockengelegt und in einen Garten verwandelt wurde. Es war im Jahre 1814, als im alten Wehrgraben des Schlosses der erste Botanische Garten der Stadt angelegt wurde. Allerdings nur für einige Jahre, denn bereits 1830 soll sich an seiner Stelle eine Grünanlage mit Wildpark und Lustgarten befunden haben, die später um 1866 in einen Landschaftsgarten umgestaltet wurde. Noch bis ins frühe 20. Jahrhundert präsentierte sich der Schlossgraben in dieser Form mit einer geschwungenen Wegeführung, mit dichter Bepflanzung im Wechsel mit weiten Rasenflächen und einzelnen Baumpflanzungen. Doch dann folgten mit dem Zweiten Weltkrieg wechselreiche Zeiten, die im Laufe der Jahre dazu führten, dass die Gartenanlage brachlag und zunehmend verwilderte. Bis schließlich im 21. Jahrhundert im Zuge der Schlosssanierung auch der Graben nach historischen Vorbildern durch die Technische Universität Darmstadt neu gestaltet wurde: Während sich heute im östlichen Teil ein Landschaftsgarten mit Teich und Wasserfontäne sowie ein Pflanzenbeet vor der Wallmauer findet, das an den früheren Botanischen Garten erinnert, wurde im westlichen Bereich eine Gartenlandschaft mit Teich, Wiesen und Beeten geschaffen, in der das Thema »Biodiversität« eine zentrale Rolle spielt.

Marktplatz 15, 64283 Darmstadt
www.tu-darmstadt.de

99 Schlossgarten Dieburg

Als einen überaus schönen Garten beschrieb Christian Cay Lorenz Hirschfeld 1785 in seiner berühmten »Theorie der Gartenkunst« den Garten des Baron von Groschlag, den er für einen der besten in Deutschland hielt. Die Rede ist von dem englischen Landschaftsgarten im Dieburger Schlossgarten, der einstmals neben einer französischen und holländischen Gartenpartie das Schloss umgab. An diesen viel gerühmten und besuchten Schlosspark erinnert heute noch die erhaltene barocke Partie, während der Landschaftsgarten weitgehend überbaut ist. Vor allem die wiederhergestellte Hauptallee mit den kastenförmig beschnittenen Linden, die zum trapezförmigen Teich mit hoch aufspringender Fontäne führt, vermittelt noch einen Eindruck von den ehemals glanzvollen Zeiten des herrschaftlichen Gartens nach französischem Vorbild. Über die Jahrhunderte erhalten hat sich darüber hinaus ein Obelisk aus Sandstein, der damals als Blickfang am Ende der Hauptachse zum früheren Schloss aufgestellt wurde. Mehrere im Park errichtete Schautafeln informieren über den historischen Schlossgarten und seine stilistisch unterschiedlichen Gartenpartien, der im 18. Jahrhundert eine Begegnungsstätte für viele bedeutende Persönlichkeiten gewesen war.

Konrad-Adenauer-Straße, 64807 Dieburg
www.dieburg.de

100 Kloster Lorsch

Schon von der Ferne wirkt der Ort magisch anziehend auf die Besucher, der ihnen, je näher sie kommen, umso eindrucksvoller erscheint: Wer sich zum Lorscher Klosterhügel begibt, der kann hier eine historisch bedeutende Stätte erleben, die große Geschichte geschrieben hat. Nur wenige Jahre nach der Gründung des ersten Klosters Altenmünster war, rund 800 Meter entfernt, die von Karl dem Großen 774 geweihte Abtei entstanden, an die heute noch drei Baudenkmäler erinnern. Nicht nur ein Teil der Klostermauer und das Kirchenfragment haben sich erhalten, auch die weltberühmte »Königshalle« steht heute noch als prächtiger Bau an Ort und Stelle und lädt zum Umher- und Durchschreiten ein. Obwohl alle anderen Klosterbauten im Laufe der Zeit verschwunden sind, kann man sich heute wieder einen besonderen Eindruck von der frühmittelalterlichen Anlage machen. Denn seit ihrer landschaftlichen Neugestaltung vor einigen Jahren sind die historischen Gebäude als »footprints« in der Grünanlage wahrzunehmen. Das heißt: man kann ihre Grundrisse als Abdrücke in der Rasenfläche sehen und sie darüber hinaus auch begehen, so dass hier, im Grünen, die Geschichte des Ortes, seine Vergangenheit, in besonderer Weise sichtbar wird. Und auch der Kräutergarten hinter der Zehntscheune zeugt von der Klostergeschichte, denn dort wachsen Heilpflanzen, die im mittelalterlichen »Lorscher Arzneibuch« aufgeführt sind. Aber auch außerhalb der Klostermauern gibt es viel Spannendes zu entdecken: Wenn man der Kulturachse folgt, kommt man zurück zu den Anfängen, zu den Überresten des ehemaligen Klosters Altenmünster, das gemeinsam mit der Lorscher Anlage zum Weltkulturerbe gehört. Ein besonderes Erlebnis ist auch der Besuch im Freilichtlabor Lauresham, das einen Einblick in das alltägliche Leben auf einem karolingischen Herrenhof gibt.

Nibelungenstraße, 64653 Lorsch
www.kloster-lorsch.de

101 Staatspark Fürstenlager Bensheim-Auerbach

Idyllisch in einem schmalen Tal am Rande des Odenwaldes gelegen findet sich das ehemalige Fürstenlager der Landgrafen von Hessen-Darmstadt aus dem späten 18. Jahrhundert. Seine Ursprünge gehen auf die Entdeckung und Fassung von Mineralquellen zurück, die schließlich zu einem Kurbetrieb führten. Durch Landgraf Ludwig X. und seine Frau Louise wurde der Ort dann zur Sommerresidenz ausgebaut: Es entstand um den Gesundbrunnen eine Gruppe von Bauwerken, die sich erhalten haben und einen Eindruck vom fürstlichen Leben auf dem Lande vermitteln. Dazu gehören unter anderem der Fremden- und Kavaliersbau, ein Damen- und Prinzenbau, mehrere Wirtschaftsgebäude, das Wachthäuschen und das Herrenhaus, die in der Talsenke wie in einem kleinen Dorf angeordnet sind. Um das Fürstenlager herum breitet sich ein stimmungsvoller, romantisch anmutender Landschaftspark bis hoch über die steil ansteigenden Hänge aus, der auch die Umgebung mit ihren Wiesen, Wäldern und Weinbergen miteinbezieht. Rund 46 Hektar groß ist die im englischen Stil naturhaft gestaltete Parkanlage, die reich mit botanischen Raritäten bepflanzt und mit Staffagebauten ausgestattet ist. Immer wieder begegnet man der einen oder anderen Sehenswürdigkeit, wenn man sich bei einem Rundgang durch die historische Parklandschaft auf die weitläufigen Wege begibt, die zu Denkmälern und Tempeln, zu Schmuck- oder Aussichtsplätzen führen. Vor allem hoch oben auf den Hängen bieten sich den Besuchern traumhafte Aussichten vom malerisch in der Tiefe gelegenen Fürstenlager über den Landschaftspark bis weit in den Odenwald.

Fürstenlager, 64625 Bensheim-Auerbach
www.schloesser-hessen.de

Die Autorin

Dr. Christine Jung, geboren 1963 in Bad Homburg, arbeitete nach dem Studium der Kunstgeschichte und Archäologie in Verlagen, Archiven und Museen. Seit 2006 ist sie freie Autorin und hat zahlreiche Publikationen zu Kunst und Geschichte veröffentlicht. Im Societäts-Verlag sind bereits die »Taunus-Schätze« und »Kul-Touren im Taunus« erschienen.

Bildnachweis

Alle nicht aufgeführten Fotografien stammen von der Autorin

Udo Bernhard, S. 56
Jens Dörr, S. 208
Stefan Forbert, S. 20
Michael Häfner, S. 162
Axel Hampe, S. 182
Andreas Hermann, S. 18
Jana Jung, S. 26, 28
Ralf Jung, S. 38, 44, 50, 70, 78, 114, 134, 140, 148, 152, 160, 166, 168, 174, 176, 178, 184
Torsten Kleinerüschkamp, S. 180
Thomas Landsiedel, S. 24
Oliver Schepp, S. 30, 32
Matthias Schuldt, S. 22
Elmar Schulten, S. 12
Thomas Siemon, S. 16
© Stadt Bad Schwalbach, S. 54
Stadt Eltville, S. 58
© Stadt Fulda/Christian Tech, S. 34, 36
Stadt Rüsselsheim am Main, Frank Möllenberg, S. 186
Thomas Thiele, S. 14
© TV Spessart-Mainland e.V./Holger Leue, S. 52

© bei den Künstlern Kenny Hunter, S. 82, Christoph Jakob, S. 48, Rudolf Tschudin, S. 48

Wir haben uns bemüht, die Inhaber der Urheber- und Nutzungsrechte für die Abbildungen zu ermitteln und deren Veröffentlichungsgenehmigung einzuholen. Falls dies in einzelnen Fällen nicht gelungen sein sollte, bitten wir die Inhaber der Rechte, sich an den Verlag zu wenden.